비 록
존재감은
없 지 만
삶은 행복해

비록 존재감은 없지만 삶은 행복해

지은이	박혜정 유남숙 예준성 황미
발행일	초판 1쇄 발행 2025년 6월 25일
발행인	김도인
펴낸곳	글과길
출판사	등록 제2020-000078호[2020.5.29.] 서울특별시 송파구 삼학사로 19길 5 3층 wordroad29@naver.com
편집	박혜정
디자인	안영미
공급처	하늘유통 경기도 파주시 광탄면 분수리 350-3 전화 031—947-7777 팩스 0505-365-0691 ©2025, Kim Do In allrights reserved
ISBN	979-11-988511-7-8 03230
값	17,000원

비 록
존재감은
없 지 만
삶은 행복해

박혜정, 유남숙, 예준성, 황미 공저

글과길

추천사

잔잔한 울림이 있는 글들이다. 선교지에서 삶을 살아가는 저자들의 글들을 읽어가는 동안 조금씩 그들과 하나가 되어가고 있는 나를 보았다. 이것이 글의 힘이다. 여기에 담겨진 글들은 이 글을 쓴 이들의 마음이고 생각이고 그들 자신의 일부이기도 하다. 무엇보다 선교사들의 삶을 들여다볼 수 있어서 좋았다. 많은 교회는 자신들이 후원하는 선교사들의 사역에만 관심을 가지기 일쑤다. 그래서 선교사들의 글쓰기도 선교편지 쓰기가 전부가 되곤 한다. 그러나 이 글들은 그들의 삶, 생각, 내면, 가정을 들여다보라고 독자들을 초

대한다.

  선교사 시절, 기회가 되면 선교사의 삶에 대해서 강의를 하기도 했었다. 그 강의의 일부는 선교지에서 쓴 나의 일기의 몇 장들을 읽어주는 것이었다. 선교사의 사역에만 관심을 가지지 말고, 그들을 사랑하는 가족, 친구로 여겨주었으면 바람으로. 선교사들은 슈퍼맨도 슈퍼우먼도 아니다. 우리와 똑같은 연약함을 가진 예수님의 길 따름이들이다. 읽으면서 30년도 더 지난 나의 선교사 시절, 인도네시아의 시골에서 보냈던 나의 신혼 생활이 많이 생각났다. 평생 싸울 부부싸움을 거기서 다 싸웠다. ^^

  나는 여전히 이 길을 살아가는 저자들을 축복한다. 나의 형제와 자매들이다. 이 글들이 우리로 하여금 선교사들을 우리의 친구로, 형제와 자매로 더 깊이 사랑할 수 있게 하면 좋겠다.

김형익 목사 | 벧샬롬교회 담임, 전 GP선교회 대표

  일상 속에는 우리가 느끼지 못한 채, 스치고 지나가는 것들이 많다. 삶에 지쳐서 민감하지 않기 때문이다. 하지만 여기에, 선교사님들의 민감함으로 숨은 하나님의 음성을 듣고, 평범한 단어들 속에서도 주님의 사랑과 은혜를 발견해내어 쓴 이야기가 있다.

  멀리, 알바니아, 캄보디아, 에콰도르에서 복음의 씨앗을 심으며,

때로는 외롭고 힘겨운 선교의 현장 속에서도 삶의 조각들에 감사하고, 그 속에서 주시는 주님의 위로와 사랑을 놓치지 않고 민감하게 느끼며 써 내려간 네 분의 이야기는, 우리 모두의 마음에 따뜻한 울림과 위로를 전해 줄 것이다. 이 이야기를 듣는 내내, 선교지의 숨결을 느끼며, 민감함이 되살아나, 우리 자신의 삶 속에도 주어진 주님의 손길을 발견하는 귀한 은혜가 있기를 소망한다.

임준배 목사 | 안양평강교회 담임

책을 읽으면서 한 단어가 떠올랐다. 명경(明鏡). 하나님이 주신 삶의 우물에서 길어 올린 맑은 물에 자신을 들여다보는, 그 거울에 비친 자신의 모습을 부끄러워하며 그리워하는 그리고 얼굴에 남아 있는 왕조의 유물을 벗기 위해 닦고 또 닦는 박혜정 선교사님의 모습에서 동주 형의 시가 생각난다.

박 선교사님이 길어 올린 삶의 명경에 비친 저를 본다. 그리고 제 안에 있는 벗어야 할 옛 왕조의 유물을 본다. 보게 해주셔서 감사합니다. 보았기에 주의 은혜로 벗을 소망을 갖는다.

윤현하 목사 | 광주월산교회 담임

선교사 네 명의 진솔하고도 맛깔나는 이야기를 읽으며 즐거웠다. 그들 모두 내가 GMTC에서 만났던 사람들인데 글 속에서 만난 그들의 내밀한 모습은 새로운 느낌으로 다가왔다. 독자들은 이 책을 읽으면서 선교사들이 무엇을 생각하고, 느끼고, 사랑하고, 분투하는지 살짝 엿볼 수 있을 것이다. 이국적 이름과 지명들 속에 담겨 있는 애정, 조국에 대한 그리움, 자신도 모르게 장착하게 된 여러 문화를 비교하는 그들의 안목도 눈여겨보면 좋을 것이다.

무엇보다 글쓴이들의 촘촘한 경험 묘사가 돋보인다. 특히 제3장을 읽으며 예준성 선교사가 달리 보였다. 키가 큰, 해병대 출신의, 약간 엄숙해 보이고, 잘 웃지 않을 것 같은, 그가 그렇게 섬세한 관찰력과 뛰어난 표현력을 가졌는지 몰랐다. 그의 성찰이 상큼하고 신선했다. 기뻤다.

변진석 GMTC 교수 | 전 에콰도르 선교사, 현 GMTC 교수

숨 가쁜 여정 가운데, 오늘 아침 받아든 한 권의 책 『비록 존재감은 없지만 삶은 행복해』는 알바니아의 박혜정 선교사, 캄보디아의 유남숙 선교사와 황미 선교사, 그리고 에콰도르의 예준성 선교사! 나의 소중한 필드 동역자들이 고단한 선교 현장에서 살아낸 하루하루의 이야기를 섬세한 필치로 담아낸 책이다. 책장을 넘기며

나는 마치 그분들 곁에 나란히 앉아, 그들의 하루를 함께 살아가는 듯 한 깊은 공감과 울림을 경험하였다.

　동유럽의 골목길에서, 아시아의 뜨거운 햇살 아래에서, 남미의 낯선 이웃들과 어깨를 나란히 하며… 그분들이 흘린 땀과 눈물, 소박하지만 단단한 삶의 흔적들이 조용히 내 마음에 내려앉았다. 이 책은 거대한 선교 담론이나 영웅적 서사가 아니다. 오히려 매일의 소소한 일상과 작은 선택들 속에서, 때로는 흔들리고 기다리며, 조용히 울고 웃는 이야기를 담백하게 들려주고 있다. 그 진솔한 삶의 이야기를 따라가다 보면, 선교란 결국 한 사람이 그 땅에 깊이 뿌리내리고, 이웃과 함께 울고 웃으며 복음의 증인으로 살아가는 것임을 자연스레 깨닫게 된다. 『비록 존재감은 없지만 삶은 행복해』는 조용히 곁에 두고, 마음이 지칠 때마다 자주 펼쳐보고 싶은, 따뜻하고 깊은 울림을 지닌 책이다. 끊임없이 자신을 비워 내며 살아가는 선교사들의 평범한 일상 속에 깃든 아름다운 헌신 앞에, 깊은 존경과 사랑을 보낸다. 기쁨으로 일독을 권하며, 사랑을 담아 이 책을 추천한다.

앤드류 김 선교사 | Global South Mission Consultant, Global South Missional Leadership Forum 대표

추천사

오랜 친구인 황미 선교사가 보내온 단편 에세이들을 읽었다. 때론 기도제목으로 듣고, 일상의 넋두리로 전해 들었던, 선교사로서, 아내로서, 어머니로서, 또 딸이고 한 인간으로서 살아가는 소소한 이야기들이 글에 담겨 전해져왔을 때, 그동안 미처 몰랐던 친구의 마음 구석의 생각과 성찰, 감정들이 또 다른 울림으로 다가왔다. 찡하기도 하고 애틋하기도 하고. 너무 감정적이지도 않고 덤덤하게 주어진 여러 역할을 감당하며 살아내는 시간들, 이야기들이 엮여진 글에서 친구의 마음이 아릿하게 전해져, 더 공감하고 보듬어주지 못한 나의 작은 그릇이 부끄럽기도 하였다. 글을 쓰는 시간 가운데 친구를 만져주시고 더 단단하게 여물어가도록 이끄신 그분의 손길이 읽는 이들에게도 위로로 전해지기를 기원한다.

김미경 | 반석초등학교 영양교사

가끔 선교지에서 귀국해 선교 보고를 하거나 말씀을 전하시는 선교사님들을 뵐 때면 이들은 일반인과 다른 차원의 another level 의 삶을 사는 분들이라는 생각을 했다. 선교지에서 거둔 열매의 많고 적음을 떠나 고향과 친척과 아버지의 집을 떠나 하나님께서 보여주신 비전의 땅으로 나아간 것만으로도 슈퍼히어로를 보는 것 같은 느낌이었다. 그런데 책에서는 나와 다른 세상 사람으로 보이고

비록 존재감은 없지만 삶은 행복해

거룩하고 신실할 것만 같은 선교사님들이 평범한 삶을 살아가는 내 이웃 같은 모습으로 그려져서 더욱 친근함을 준다. 나와 같은 감정과 고민을 가진 한 사람으로 사는 삶. 어쩌면 이런 인간미 넘치는 글이 선교사로 헌신을 고민하는 이들에게 좋은 안내자 역할을 할 수 있을 것 같다. 직접적인 선교 동원의 메시지가 담기지 않았지만 이렇게 말하는 듯하다. "야! 너두~"

정진욱 | KIA 교육팀장

저자 프로필

박혜정 선교사

알바니아 선교사이자 GMP 개발연구위원이다. 검도를 사랑하는 남편과 개성이 뚜렷한 2남 1녀와 함께 알바니아 티라나에 살고 있다.

중국 상하이에서 중어중문학을 공부했다. 2009년 GMP 선교사로 허입되었다. 태국을 거쳐 현재 알바니아 티라나에서 한국어 교습과 집시사역, 글쓰기 사역으로 섬기고 있다.

공저로『목회트렌드 2025』『목회트렌드 2024』『목회트렌드 2023』『살리는 설교』『다음세대 셧다운』『오늘도 묵묵히』『오늘도 삶의 노래를 쓴다』『누구나 갈 수 있는 아무나 갈 수 없는 중국유학』이 있다.

유남숙 선교사

1997년 여름 무거운 가방을 메고 선교 훈련을 받기 위해 부산을 떠났다. 그 때가 시작이었다. 26살 젊은 시절 하나님의 부르심에 목숨까지도 아끼지 않는 선교사가 되리라 결단하고 선교사로 살아가는 복을 받았다. 2003년 꿈에도 그리던 캄보디아 선교사가 되었고 2025년 현재까지 캄보디아 선교사로 살고 있다. 싱글 선교사로 13년 정도 사역하던 중 하나님께서 남편 최경호 선교사를 만나게 하셔서 2015년 가정을 이루어 함께 사역을 감당하고 있다. GMP, PCKWM 소속 선교사로 교회 개척, 제자 양육, 학교(교육) 사역을 감당하고 있다.

비록 존재감은 없지만 삶은 행복해

예준성 선교사

사랑하는 아내 고상희 선교사와 두 자녀 수아, 주원이와 함께 가정을 이루고 있다. 사랑하는 어머니 그리고 모교회인 부산 안락교회를 통해서 믿음의 뿌리를 내렸다. 아세아 연합신학대학원(M. Div)을 졸업 후 한국선교훈련원(GMTC)에서 훈련을 받고 2011년부터 한국해외선교회(GMF) 산하 개척선교회(GMP)소속 선교사로 라틴 아메리카지역 에콰도르에서 사역하고 있다. 선교지에서 현지인 교회를 개척하고 CORRIENTES MISIONERAS 선교훈련원에서 남미 선교사 후보생들을 돕고 가르치는 사역을 하고 있다. 한국글로벌리더십연구원(KGLI)에서 선교학을 공부하고 있다.

황미 선교사

2013년 7월 선교단체 GMP에 허입되었다. 2015년 6월에 남편과 아들과 함께 캄보디아로 파송되었다. 1기 사역은 10대 청소년들을 대상으로 방과후 성경공부방과 주일학교, 청장년 대상으로 성경공부 소그룹 모임을 섬겼다. 안식년 후 2024년 1월에 시작된 2기에는 청년 성경공부 소그룹 모임과 가정교회 개척사역을 하고 있다.

저자 프로필

프롤로그

GMP개척선교부 글쓰는 사람들이 다시 뭉쳤다.
박혜정, 유남숙, 예준성, 황미 네 사람이 글을 썼다.

개인의 성장과 성숙을 위해 글을 쓰기 시작했다.
쓰는 작업이 쉽지만은 않았다.
삶은 늘 바쁘게 돌아갔다.
글을 쓰기 위해서는 집중력과 시간이 필요했다.
시간을 따로 떼고 집중력을 최대한 발휘하기란 어려웠다.

비록 존재감은 없지만 삶은 행복해

그래도 우리는 글을 쓰기 위해 삶의 모양새를 다듬어갔다.
잘 쓴 글인지 못 쓴 글인지 글쓴이조차 알지 못했지만, 진심을 다해 쓴 글이라는 것만큼은 자부할 수 있다.

우리는 글을 쓰며 새롭게 발견했다.
각자의 삶 속에서 아주 소소하고 존재감이 없던 단어들을 만났다.
그 단어들이 우리 삶을 행복하게 만들어주었다.
비슈겐스타인은 "내 언어의 한계가 내 세계의 한계를 의미한다."라고 했다.
글을 쓰지 않았다면 생각하지 않았을 것이고,
생각하지 않았다면
그 어떤 단어들도, 언어들도 우리 곁에 중요하게 남지 않았을 것이다.
이제는 감히 말할 수 있다.
이 세상에 존재하는 한 사람 한 사람이 귀하고 소중하며 존재의 의미와 가치를 지니고 있듯이, 이 세상에 존재하는 수많은 단어 하나하나가 버릴 것이 없다. 그 단어가 사람들 마음을 행복하게 가꾸어준다.
사람과 함께 삶을 빚어가는 단어들은 자신이 반드시 있어야 할 자리에서 혹은, 아주 의외의 시공간에서 자신만의 빛을 낸다.
다만 한 가지 조건이 있다. 그 단어가 지닌 의미를 찾아내고 보고

프롤로그

느낄 수 있는 사람만이 그 빛을 발견할 수 있다는 것이다.

사람들은 매일 수많은 단어들을 만나고 내뱉는다. 때론 그 단어들을 뜨겁게 안는다.

스쳐 지나가는 단어가 존재감이 없다고 느낄 때가 많다. 내게로 가까이 다가오는 단어가 소중해질 때가 있다. 그 한 단어에 큰 행복감이 밀려온다.

삶에서 만나는 수많은 단어들이 삶을 행복하게 만들어준 경험을 담았다. 많은 사람들에게 소중히 다가갈 단어들이다.

함께 소중한 단어들을 묵상하며 행복한 하루를 엮어갔으면 하는 바람을 담았다.

이 책은 4부로 되어 있다. 각 부마다 한 사람이 쓰는 것을 책임졌다. 1부는 박혜정, 2부는 유남숙, 3부는 예준성, 4부는 황미가 썼다. 살고 있는 지역이 다르다. 나라가 다르다. 하지만 느끼는 감성은 다르지 않았다. 독자가 읽을 때 느끼는 감성도 같을 것이라는 생각으로 슬며시 다가간다.

비록 존재감은 없지만 삶은 행복해

프롤로그

목차

추천사 · 5

저자 프로필 · 12

프롤로그 · 14

Chapter 1 | 삶의 윤활유

1 배려와 공감 _ 사랑의 동의어 · 25
2 분노 _ 타인의 존엄을 깨뜨리는 가장 쉬운 방법 · 34
3 진심 _ 허투루 하지 않는 마음 · 42
4 태도 _ 내 이름 옆에 붙는 또 다른 이름표 · 49
5 이방인 _ 나무가 되고 싶은 꿈을 꾸는 사람 · 55
6 여성 _ 시멘트를 뚫고 나오는 꽃처럼 · 61
7 갈대 _ 바람에 흔들리기는 해도 절대 꺾이지 않는 유연함으로 · 69
8 우울 _ 나를 곱씹어보는 시간 · 77
9 갈등 _ 해결책은 이미 주어졌다 · 84
10 문학 _ 삶의 윤활유 · 92

Chapter 2 | 신앙의 윤활유

11 **사회적 거리 두기** _ 탈출을 위한 그들의 몸부림 · 101

12 **설레임** _ 잠자던 꿈을 깨우는 달콤함 · 108

13 **동행** _ 함께 삶을 나누는 아름다움 · 115

14 **한 영혼** _ 포기할 수 없는 애통함을 부르는 노래 · 121

15 **역지사지** _ 백전백승할 수 있는 힘 · 127

16 **담장** _ 궁금한 그들의 세상 · 134

17 **토끼섬** _ 고난의 풍랑을 뚫고 가야 만나는 천국 · 140

18 **관계** _ 나에게 걸려있는 그물망 속 질그릇 · 147

19 **우정** _ 삶의 한 자리를 공유하는 것 · 153

Chapter 3 | 선교의 윤활유

20 **변론** _ 아보카도를 위해서 · 163

21 **능숙함** _ 반복이 주는 선물 · 167

22 **거리** _ 불편함의 또 다른 표현 · 170

23 **우산** _ 귀차니즘을 부르는 · 175

24 **해병대** _ 믿음의 삶을 살아내었던 곳 · 179

25 **커피** _ 나의 이야기를 들어주는 친구 · 186

26 **1973년생** _ 우리는 친구라 부른다 · 190

27 **꿈** _ 도착점이 아니라 살아가고 싶은 모습　　·195

28 **경험** _ 삶의 발판이 되어주는 힘　　·200

29 **소망교회** _ 예수님을 만나는 곳　　·205

30 **반지** _ 하나의 증거일 뿐　　·209

31 **노력** _ 포기하지 않는 것　　·214

Chapter 4 | 동행의 윤활유

32 **적응** _ 정착의 반의어　　·223

33 **삶** _ 다시 가보니 보이는 것들　　·229

34 **장남과 막내딸** _ 같은 위상　　·237

35 **시골** _ 풍요의 고향　　·243

36 **사진** _ 우리의 이야기　　·248

37 **연합** _ 상대가 완전히 이해하지 않아도 가능한 것　　·256

38 **기대** _ 버려야 진정한 사랑을 할 수 있는　　·261

39 **화해** _ 뜻하지 않게 찾아온　　·266

40 **자기 부인과 자기실현** _ 사실은 같은 말　　·276

에필로그　　·282

Chapter 1.
삶의 윤활유

1 **배려와 공감** _ 사랑의 동의어

2 **분노** _ 타인의 존엄을 깨뜨리는 가장 쉬운 방법

3 **진심** _ 허투루 하지 않는 마음

4 **태도** _ 내 이름 옆에 붙는 또 다른 이름표

5 **이방인** _ 나무가 되고 싶은 꿈을 꾸는 사람

6 **여성** _ 시멘트를 뚫고 나오는 꽃처럼

7 **갈대** _ 바람에 흔들리기는 해도 절대 꺾이지 않는 유연함으로

8 **우울** _ 나를 곱씹어보는 시간

9 **갈등** _ 해결책은 이미 주어졌다

10 **문학** _ 삶의 윤활유

배려와 공감
사랑의 동의어

배려와 공감을 잘하고 있는가?

자칭 나를 '공감 왕'이라고 말하곤 했다. 그런데 산산이 무너지는 날이 있었다. 둘째가 이런 말을 한다. "오늘은 억지 부리는 날이에요." 그 말을 알아듣지 못했다. 중학생인 둘째가 아무런 이유도 없이 학교에 가지 않겠다고 침대 위에 망부석처럼 앉아 있다. 그 모습에 열이 확 오른다.

이번 주 내내 읽었던 책으로부터 나는 어떤 상황에서도 누구와 있더라도 '인내'하라는 메시지를 받았다. 그 책을 읽으면서 나도 기뻤다. 책 안에 펼쳐진 말들은 내 인내심을 키워주는 것 같았고, 앞으로 나도 잘 인내할 수 있는 현자가 될 것 같았다. 그런데 인내는커녕 인내 다음에 오는 공감과 배려를 보여주지 못했다. 오히려 '억지'라는 단어가 나를 삼켰다. '억지'라는 단어 앞에서 나의 '인내'는 무너져 내렸다. 공감이 아니라 아들에게 인내조차 보일 수 없는 나이다. 배려와 공감은 아직 내가 쓸 수 있는 말이 아니었다. 공감 왕이 아니라 배려조차 하지 못한 나이다.

부탁이야! 내일은 깨우지 말아 줘!

아이는 어제 잠들기 전, 옆 방에 누워있는 아빠에게 카톡을 보냈다.

"내일은 깨우지 말아 줘, 부탁이야."

공감하는 아빠는 이렇게 생각해야 한다. '깨우지 말아 달라고 부탁을 하네? 내일은 깨우지 말아야지.' 하지만 공감과 배려가 부족한 아빠는 그 메시지를 고등학생 형을 깨우는 시간보다는 늦게 깨워달라는 말로 받아들였다.

공감과 배려의 아이콘인 엄마인 나는 이렇게 생각해야 한다. '내

일은 종일 잠자게 둬야지, 학교 하루 빠지면 어때?' 하지만 공감과 배려가 내 중심적인 엄마인 나는 '억지'라는 말을 '아무 이유 없이' 라는 의미로 받았다.

둘째 아들의 부탁은 부탁이 아니라 저항으로 해석되었다. 각자의 상황과 이성에 의해 재해석된 단어들은 원래 화자가 의도했던 바와는 다르게 비틀어진다.

학교에 가고 싶지 않다는 아들의 어젯밤 메시지는 아침이 되어도, 학교 갈 시간이 되어도 자신을 절대 깨우지 말라는 뜻이었다.

공감과 배려가 부족한 엄마는 아이에게 아침부터 잔소리를 들이붓는다.

아이는 아침도 먹지 않은 채, 대충 옷을 걸쳐 입고는 책가방을 낚아채서는 인사도 없이 빠르게 집을 빠져나간다.

공감과 배려가 부족하면 가정은 폭풍이 이는 바다가 된다

공감과 배려가 부족하면 일순간에 평화가 깨진다. 마음의 평화가 깨진다.

'어이가 없네. 평온했던 이 아침에 갑자기 태풍이 휘몰아치듯 무슨 일이 일어난 거지?'

한숨을 푹푹 내쉬며 스마트폰을 집어 든다. 네이버 지식인 창을 연다. 아무 이유 없이 학교에 가지 않겠다고 버티던 아들의 의중이 무엇인지 알아보기 위해 타다닥 검색어를 넣는다.

"중2 아들이 아무 이유 없이 학교에 가지 않겠다는데 왜 그러는 걸…."

순간 검색어를 마무리하지 못한 채 검색창을 물끄러미 바라본다.

'아무 이유 없이!'
그것은 내 관점의 해석이었다. 내가 보기에 아무런 문제가 없어 보였기 때문이다. 아이 입장에서는 분명히 어떤 이유가 있었을 텐데 말이다.

아이는 자기 딴에는 아빠에게 오늘 아침 깨우지 말라고 부탁을 했다. 오늘은 엄마에게 억지를 부리고 싶은 날이라며 나름 표현을 했는데, 아빠 엄마는 그 뜻을 이해하지 못했다. 무슨 아프지도 않은데 학교를 빠지겠다고 하냐며 어이없다는 표정을 지으며 아이를 내몰았던 나에게 후회가 밀려온다.

엄마에게 공감과 배려가 없으면 아이 마음에 5미터 파도가 치게 만든다. 잠깐이 아니라 하루 종일이다.

비록 존재감은 없지만 삶은 행복해

사랑에는 공감과 배려가 묻어있다

나는 둘째 아이를 사랑한다. 우리에게 그 아이를 맡겨주신 주님께 감사했다. 태국으로 장기 선교사로 파송된 그 순간에 이미 태중에 있었는데도 선교지 정착과 언어 학습에 정신이 팔려서 아이의 존재를 임신 5개월이 되어서야 알게 되었다. 유산의 위기를 잘 견뎌준 아이에게 미안하고 고마워서 첫 번째 초음파를 보던 날 많이도 울었다. 미주알고주알 뭐든 말로 표현하는 큰아들과 다르게 둘째는 어렸을 때부터 말로 잘 표현하는 때가 드물었다. 부모 된 우리는 그런 아이의 속내를 알지 못해서 늘 애가 탔다. 어떤 때는 화가 났다. 말하지 않는 아이가 부모의 인내심의 한계를 시험한다고 생각했다. 아이에게 기회가 될 때마다 말했다.

"자신의 마음과 기분, 생각 등을 꼭 말로 표현해야 해. 말하지 않으면 세상 그 누구도 너의 마음에 대해서 알지 못한단다. 엄마, 아빠도 마찬가지야. 엄마가 아빠에게 엄마 생각을 말하지 않으면 아빠는 잘 몰라. 아무리 사랑하는 사이여도 서로 말하지 않으면 모른다는 말이야."

이런 아픔이 있는 둘째에게는 더 필요한 것이 엄마의 공감과 배려다. 그러나 엄마는 공감의 아이콘이라는 말이 무색하게 공감과 배려를 물에 말아 먹었다.

자녀와 부모의 동상이몽

부모가 자녀에게 늘 하는 말이 있다.
"우리는 너희를 사랑해!", "우리는 자녀에 대해 잘 알아. 다 알아."

과연 다 알까?
자녀가 한 말을 부모는 알아듣는 것이 맞다. 그러나 엄마인 나는 구체적으로 자신에 대해서 풀어서 말하는 것만이 이해할 수 있는 방법이라고 생각한다.

아들은 나와는 다르게 자신의 방법으로 표현하고 있었다. 하지만 나는 내가 이해할 수 없는 방법으로 말하는 둘째를 받아들이기를 거부하고 있었다.

아이는 계속해서 말하고 있었는데 나는 모르는 척하면서 제발 좀 알아듣기 쉽게 말하라고 재촉하고 있었다. 아이를 누구보다 사랑한다고, 당연히 자녀를 사랑한다고 자부하고 있었는데….

나의 사랑은 나를 위한 사랑이었다. 자녀를 위한 사랑이 아님을 깨닫는 순간 나를 다시 돌아보게 된다. 한 가지만 알면 되는 것 같

비록 존재감은 없지만 삶은 행복해

다. 자녀 관점에서 한 번 더 생각해 보는 것이다.

공감과 배려가 자녀 사랑이다

성경은 너 자신을 사랑하는 것처럼 네 이웃을 사랑하라고 한다. 엄마인 내가 자녀를 사랑한다는 것은 다른 것이 아니라 자녀의 생각과 말을 공감해 주고 배려해주는 것이다.

이런 일로 나는 사랑을 실천할 수 있는 가장 구체적인 방법은 배려와 공감이라는 생각을 자주 한다. 그 사람의 처지에서 생각해 보고 느껴보려고 노력하는 것이 사랑을 실천하는 좋은 방법의 하나라고 생각한다. 그런데 개개인이 가지고 있는 자기만의 독특한 방식으로 세상을 바라보고 인식하고 자기화하여 표현한다는 것을 간과하고 있었다. 배려하고 공감하는데 내 방식으로 말해주길 원했다. 내가 이해할 수 있는 언어만을 받아들이길 고집했다. 그간 나도 모르게 내가 배려할 수 있는 것만 배려하고 공감할 수 있는 것만 공감하겠다는 취사 선택을 하고 있었다. 지독히 이기적인 배려와 공감이다.

자녀 사랑은 '사랑한다.'라는 말도 해야 하지만, 한 가지 더 보태서 해야 한다. 자녀의 생각과 말에 대한 공감과 배려이다. 공감과 배려는 취사 선택 사항이 아니다. 조건 없이 내 안에서 받아들여

소화 시켜서 행동으로 나와야 한다.

　둘째에게 보낸 나만의 배려와 공감에는 오래 참음이 없고 온유함이 없다. 내 기준에, 내 마음에 드는 것에만 공감해 주겠다는 교만한 자세만이 있다. 말하고 있는 이를 무시하는 무례함이 있다. 상대방의 입장에 서 보는 인식의 변화조차도 자신의 유익이 먼저였다. 진실한 배려와 공감을 가로막는 커다란 벽인 고집 센 '자아'만이 존재할 뿐이다.

　오늘 아이의 '억지' 부리고 싶은 날의 마음의 행간을 읽어주지 못한 덕분에 내 이기적인 배려와 공감의 실체가 드러났다. 그동안 공감과 배려는 누구보다도 잘하고 있다고 여기며 살아가고 있었는데 이조차 교만이었다.

　아이의 소통방법은 나와는 다를 수 있다고 인정할 때,
　아이 입장에 서 볼 때,
　아이의 감정을 느껴보려고 애쓸 때,
　내 마음과 아이 마음의 거리는 좁혀질 수 있을까?
　내가 원하는 사랑 말고, 아이가 원하는 사랑을 할 수 있을까?

　사랑은 오래 참고 사랑은 온유하며 투기하는 자가 되지 아니하며 사랑

비록 존재감은 없지만 삶은 행복해

은 자랑하지 아니하며 교만하지 아니하며 무례히 행치 아니하며 자기의 유익을 구치 아니하며 성내지 아니하며 악한 것을 생각지 아니하며 불의를 기뻐하지 아니하며 진리와 함께 기뻐하고 모든 것을 참으며 모든 것을 믿으며 모든 것을 바라며 모든 것을 견디느니라 사랑은 언제까지든지 떨어지지 아니하나 예언도 폐하고 방언도 그치고 지식도 폐하리라

고린도전서 13:4-8

분노
타인의 존엄을 깨뜨리는
가장 쉬운 방법

존엄성을 지키며 살아가는 방법

둘째 아이와의 관계 속에서 상대방의 '존엄'을 지켜주기 위해서는 어떻게 해야 하나라는 질문을 갖게 되었다. 이 질문에 대하여 독일 철학자 피터 비에리가 나에게 답해준다. 그의 책 『삶의 격, 존엄성을 지키며 살아가는 방법』에서는 존엄한 삶의 형태에 대해 세 가지 차원으로 나누어 설명하고 있다.

비록 존재감은 없지만 삶은 행복해

남이 나를 어떻게 대하는가?
나는 남을 어떻게 대하는가?
나는 나에게 어떻게 대하는가?

이 세 가지 물음, 세 가지 경험의 종류, 세 가지 분석의 차원이 모두 모여 존엄성이라는 개념을 만든다. 이 세 가지가 한곳에 모여야 더욱 조밀해지고 무게감을 지닌 '존엄'이라는 단어가 된다. 큰 깨달음이 온다. 이 세 가지를 생각하면 남편이든, 자녀든, 타인이든, 누구에게든지 존엄의 격을 갖추고 대할 수 있을 것만 같았다.
그런데 그런 생각과 다짐도 달걀 하나 때문에 무너져 내리고 만다.

달걀이 뭐길래

점심으로 김치볶음밥을 먹는다. 김치볶음밥에 달걀 후라이가 빠지면 서운하다. 달걀 후라이를 열네 개나 부친다. 달걀 반 판을 한 번에 먹어 치운다. 아이들이 어렸을 때는 김과 달걀만 있으면 아이들을 잘 키울 수 있다고 우스갯소리로 말하곤 했다. 어느새 아이들이 내 키보다 훌쩍 자랐다. 점점 올라가는 식자재비에 한숨이 쉬어진다. 중고등학생 아들들의 먹성은 혀를 내두를 정도다. 비싼 고기보다는 그래도 저렴한 달걀이 만만하다.

요즘 알바니아 물가 상승은 연일 최고치를 경신하고 있다. 유로 환율과 알바니아 레크의 환율이 같은 수준이 될 정도이다. 공산품은 비싸도 식자재비는 상대적으로 저렴하던 알바니아도 이제는 옛날이야기가 되어 가고 있다.

달걀 한 판에 30개, 한 개에 한국 돈으로 170원 정도 하던 달걀이 물가 상승과 환율 차이로 인해서 300원으로까지 올랐다. 아무것도 아닌 달걀 하나라도 싼 걸 사고 싶은 게 주부의 마음이다.

막내를 학교에 데려다주고 오는 길에 있는 큰 마켓에서 달걀 할인 전단이 눈에 띈다. 4050원에 판매되는 달걀 열 알짜리를 2250원에 판다.

"어머, 이건 당장 사야 해!"

매장문을 열고 해당 달걀 코너로 직진한다. 달걀 크기도 딱 좋았다. 오케이, 바로 남편 두 갑, 나 두 갑, 총 네 갑을 들고 계산대로 간다. 직원은 가방이 필요하냐고 물었고, 나는 웃으며 필요 없다고, 손으로 들고 갈 거라고 말한다. 젊은 여직원은 그런 우리가 재미있는지 폼 귀여운 미소를 터뜨린다. 화기애애한 분위기 속에서 계산대 화면을 바라본다. 한국 돈으로 16,000원 정도 되는 액수가 떠 있지 않은가?! 순간 카드기는 찍찍 소리를 내면서 영수증을 뱉었다.

"아니 왜 가격이 이렇게 나와요? 저기에 할인 가격으로 붙어 있는데요?"
격양된 목소리로 내가 묻는다.

"할인은 어제까지이고, 오늘부터는 정상가격으로 결제됩니다."
미안하다는 표정으로 직원이 답한다.

"그러지 말고 지금까지만 좀 할인된 가격으로 해 주세요."
나는 달걀 값 좀 깎아보자고 정찰제 가게에서 애교로 수작을 부려본다.

"미안하지만 규정상 저도 어쩔 수 없어요."
직원은 거듭 미안한 표정을 짓는다.

"그럼 왜 아직 가격표를 바꿔놓지 않았죠?"
가격을 깎으려고 애교를 부리던 나는 돌연 실책하듯 되묻는나. 목소리는 '솔'음 정도로 올라간다. 화가 나면서 순간 몸이 더워진다. 알바니아어도 술술 더 잘 나온다.

"이른 아침이어서 가격표 담당 직원이 아직 가격표를 바꿔놓지 못했어요."

여직원은 자신도 어쩔 수 없다는 표정을 짓는다.

"하…. 그래요? 그럼, 저는 안 살래요. 환불해 주세요."
나는 환불을 요구했다.

"이미 카드기가 카드를 읽었기 때문에 환불이 안돼요."
"아니, 뭐…. 세상에 카드 환불이 안되는게 어디있어? 와 …. 진짜 미치겠네!"

곁에 있던 남편은 어쩔 수 없다며 괜히 화내서 마음만 상하지 말고 그냥 넘기라고 한다. 나가자며 내 팔을 잡아끈다.

분노의 화신이 되어

매 순간 성령님의 임재하심을 강력하게 구한다고 기도했다. 성경 말씀 암송도 열심히 하고, 성경 통독도 열심히 했다. 그런데 그 순간, 달걀 가격이 할인된 가격이 아닌 정상가격으로 찍혀 나오는 그 순간, 열이 확 오른다. 그 순간만큼은 그동안 외웠던 성경 말씀도 성

비록 존재감은 없지만 삶은 행복해

령님도 전혀 생각이 나지 않는다. 나는 그저 '분노' 그 자체다. 직원과 주고받던 마지막 대화 끝에 드라마 속에서만 보던 문장이 목구멍까지 차오른다.

"이건 속임수야…."

하지만 내뱉지 않는다. 이 말을 하지 않은 건 아주 많이 잘한 일이다. 만약 내뱉었다면 그건 싸우자고 결투를 신청하는 꼴이니까. 감정을 한층 순화시켜 "와, 진짜 나쁘다. 와, 진짜 나쁘다."를 연발하며 마켓을 빠져나온다. 그제야 정신이 번쩍 차려진다.

'나는 왜 그 순간 성령님을 찾지 않았지? 나는 왜 주님께 물어보지 않았지? 주님, 지금이라도 도와주세요. 제가 어떻게 해야 했나요?'

분노로 거세게 뛰던 심장을 심호흡으로 가라앉히면서 곰곰이 생각해 본다. 그에게 내가 오늘 아침까지만 어제 가격으로 해 달라고 조른 것은 그 사람 처지에서는 어이없는 일이다. 그를 붙들고 왜 가격표를 바꿔놓지 않았냐는 볼멘소리를 한 것도 잘못이나. 그 직원은 단순히 계산만 하는 직원이다. 환불이 안 되는 것은 알바니아 카드기 시스템인데 개인에게 어이없다며 분노를 표출하며 큰

소리를 낸 것도 잘못이다. 그녀는 아침 댓바람부터 화가 난 아시아 여자를 상대하는 것이 힘들었을 것이다. 그는 원칙대로 행동했는데, 나는 억지를 부리고 있었다. 아들 녀석이 억지를 부리면서 학교에 가지 않겠다고 했었는데, 지금은 내가 억지를 부리면서 오늘 아침까지만 할인 가격으로 해 달라고 말하고 있다니…….

서로의 존엄을 지켜줄 수 있기를

피터 비에리가 말하는 지켜진 존엄과 손상된 존엄, 잃어버린 존엄의 측면에서 보았을 때, 나는 고작 몇천 원 때문에 순간 달아오른 분노로 그 직원의 존엄을 실추시키기 일보 직전까지 갔었다. '분노'라는 자기 조절을 잃은 감정은 내밀한 곳에서 나 자신의 실수를 어떻게 대하는가, 내가 주변 사람들의 실수를 어떻게 대하는가에 대하여 직면하게 한다. 또 다른 사람이 나에게 분노하는 것은 싫으면서 나는 타인에게 쉽게 분노할 수 있는 연약한 존재라는 것을 깨닫게 한다. 예전에는 화를 내면 "아직 젊어서 그래. 혈기 왕성해서 그래."라고 쉽게 말했지만, 젊어서 분노할 수 있는 것이 아니라 타인에 대한 존엄과 나 자신에 대한 존엄의 개념이 없기 때문에 분노하는 것임을 다시 한번 깨닫는다.

분노는 타인과 자신의 존엄을 파괴할 수 있는 가장 쉬운 방법이다.

'매 순간 성령님께서 함께 해 주세요'라는 기도에서 더 구체적으로 '성령님께서 저와 함께하셔서 분노의 감정이 이는 순간, 나와 타인의 존엄을 생각하게 해 주시고 그에 합당하게 행동하게 해 주세요.'라고 기도한다.

노하기를 더디하는 자는 용사보다 낫고 자기의 마음을 다스리는 자는 성을 빼앗는 자보다 나으니라

잠언 16:32

진심
허투루 하지 않는 마음

진심은 누구에게나 통한다

'진심'이라는 말에 대해서 생각해 본다. '진심으로 사랑한다', '진심으로 미안하다', '진심으로 축하한다', '진심으로 고맙다' 등에 '진심'이라는 말이 어울린다. 가식적이고 형식적인 마음에는 '진심'이라는 말이 어울리지 않는다. 온 마음으로, 조금도 대충이 없는, 거짓이 없는 순전한 마음을 표현할 때 '진심'이라는 말을 쓴다.

   선교지에서 살면서 많은 현지인들을 만난다. 어떤 사람은 친구처럼 곁에 오래 남기도 하지만 또 어떤 사람들은 나무에 앉아 잠시 쉬어가는 새들처럼 금세 포르르 날아가기도 한다. 특히 알바니아는 국내에서 일자리를 구하는 것이 아주 힘든 편이어서 젊은이들이 기회만 닿으면 주변국인 서유럽으로 나가기에 바쁘다.

   같은 땅에서 같은 목적을 가지고 살아가는 동료들도 그렇다. 어른이 되어 만나는 관계 속에서는 진심이 깃들기 쉽지 않다. 진심 어린 마음을 나누기는커녕 싸우지 않고 지내면 다행이다. 좋은 소식과 사랑을 전하기 위해서 누군가를 사귀고 또 헤어지고 하는 일을 반복해서 경험하다 보니 어느새, 사람을 진심으로 만나고 있는지 아닌지 헷갈릴 때가 있다. 또 어떤 사람에게 진심으로 대하고 대하지 말아야 하는가 고민할 때가 있는 것도 사실이다.

   모든 사람을 진심으로 대하는 것이 가능할까?

   대답은 가능하다. 단, 한 가지 조건이 붙는다. 나에게 부어지는 주님의 사랑이 멈추지 않을 때만 가능하다. 내가 주님의 사랑으로 충만할 때, 주님을 향한 사랑이 목적이 되어 살아갈 때, 그래서 내가 주님의 순결한 그릇으로 쓰임 받기를 원할 때, 그런 때에야 비로소 내가 만나는 모든 사람에게 진심으로 대할 수 있다.

말하지 않아도 전해지는 마음

"지난번에 준 소고기 불고기 진짜 잘 먹었어. 아니, 얼마나 꾹꾹 눌러서 담았는지 통에서 고기를 꺼내는데 계속 나오는 거야. 우리 남편은 접시에 내어 온 불고기 양이 너무 많아서 내가 고기를 더 넣은 줄 알고 또 나더러 타박했던 거 있지. 남편이 나더러 "여보, 고기가 이렇게 있는데 뭘 또 더 넣었어. 그냥 선교사님이 주신 것만 먹고 집에 있는 고기는 다음에 또 먹고 그래야지." 이러는 거야.

그래서 내가 말했지. "아니야~ 여보, 이거 그냥 박 선교사님이 담아준 거 그거에 내가 파만 넣은 거야. 양이 진짜 장난 아니지?"

그랬더니 남편도 의아해서 "아니, 그거 내가 받아 왔잖아. 근데 통이 그렇게 크지 않았는데, 거기에 이 고기가 다 들어있었다고?" 이러는 거야. 하하.

얼마나 사랑을 담아서 꾹꾹 눌러 담았으면 그 통에서 고기가 이렇게 계속 나와. 우리 가족 그날 저녁 너무 맛있게 먹고 두 번을 더 먹었어요. 정말 고마워요."

선교사님께서 어떻게 내 마음을 딱 아시고는 내가 말로 전하지 않았던 부분까지도 콕 집어서 말씀하신다. 진심은 말하지 않아도 통한다는 것을 새삼 느낀다.

함께 여러 일을 하며 마음과 신뢰를 나누었던 선교사님께서 지난 주일 독한 감기로 내내 앓으셨다. 처음에는 비를 맞으셔서 감기 몸살이 드셨겠지 했다. 그런데 시간이 갈수록 변형된 감기 바이러스처럼 기침이 끊이지를 않고 목에 가래가 딱 붙어서 힘든 시간을 보내고 계셨다. 일주일 내내 성경 공부 인도와 한국어 교습을 하셔야 해서 목을 계속 쓰셔야 하는데 큰일이다 싶었다. 선교사님을 위해서 뭐라도 해 드리고 싶은 마음은 굴뚝같았는데 내 상황도 여의치가 않다. 세 자녀가 '아프고 결석하고'를 도돌이표로 하고 있다. 아픈 선교사님을 챙겨드리고 싶은데 선뜻 실행으로 옮기지 못하는 마음에 마음 한편이 무거웠는데, 잘됐다! 세종 한국어 1권을 마친 알바니아 학생들과 함께 우리 집에서 책거리를 하기로 했다.

진심으로 준비할 때 주님께서도 도우신다

평소에는 잘 먹지 않는 한국 대표 음식을 만든다. 음식 솜씨가 좋지 않지만, 한국어를 배우는 학생들을 위해 팔을 걷어붙인다. 선교사님과도 함께 나누어야겠다고 생각한다. 우리 집 식구들은 집에 손님이나 와야 한국 음식이 나온다며 투덜거린다. 알바니아에서는 한국 정육점처럼 고기를 음식 용도에 맞게 잘라주지 않는다. 예를 들면 "소고기, 미역국 거리로 잘라주세요." 혹은 "불고깃감으로 1킬로만 주세요." 이런 말이 여기시는 통하지 않는다. 이곳에서는 덩이리 혹은 스테이크 크기의 두께로 썰어주는 경우가 다반사이다. 그래서 제육볶음이나 소불고기 같은 한국 음식을 하려면 땀을 뻘뻘 흘리면서 직접 고기를 썰어야 한다. 이런 모습은 어느 선교지라도 비슷한 모습일 게다. 한국의 특화된 정육점은 스페인에서도 인기가 많다는 기사를 접한 적도 있으니까 말이다. 아무튼, 두꺼운 고깃덩어리를 썰 때마다 내가 무슨 부귀영화를 누리려고 이 고기를 썬단 말인가… 했던 적이 한두 번이 아니었다.

소불고기 맛의 관건은 얇은 두께가 아니겠는가? 이번엔 아예 작정하고 갔다. 나는 속으로는 '주님, 제발요, 도와주세요'라고 간절히 기도했다. 마트 고기 코너 아저씨의 경쟁심을 자극하면서 이야기를 건넸다. "지난번에 T 마트에서는 엄청 얇게 기계로 썰어주던데, 여기서는 될지 안 될지 모르겠네요." 아저씨는 "그래? 이 정도 두께면 되겠어요?"라며 보여주셨고, 나는 "아니요, 더 얇게요. 아주 얇게요."라고 말했다. 아저씨는 다시 소고기 한 장을 잘라 보여주셨는데, 완전 퍼펙트였다. 알바니아에서 처음 보는 얇디얇은 소고기였다.

마음을 다하고 정성을 다하고 싶으니 주님께서 아저씨를 통하여 도와주신다. 소고기가 어찌나 얇은지 한 장 한 장 떼어 키친타월로 꾹 눌러 핏물을 제거하는데도 시간이 꽤 걸렸다. 이런 소고기를 알바니아에서 10년 사신 분도 본 적이 없는 터라 정말 기뻤다.

마트 고기 코너 아저씨는 나에게 갑자기 영어로, 자부심이 가득한 목소리로

"이제는 T 마트에 가지 말고 꼭 여기로 오세요."

라고 말했다. 나는 꼭 다시 오겠다고 말하며 감사함에 쌍 따봉을 보여드렸다.

'진심'은 언제든지, 누구에게나 통한다

선교지에서의 삶 속에 단 한순간도 후회가 남지 않을 수는 없다. '진심'은 후회의 빈도수를 줄여나가 준다. 삶의 면면에 '진심'이 묻어날 때, 그 삶은 후회가 아닌 감사로 채워진다.

책거리하러 온 학생 중에는 강성 이슬람교 학생이 있다. 이 학생은 믿음이 얼마나 좋은지, 수업하다가도 기도시간이 되면 양해를 구하고 다른 교실로 가서 자리를 깔고 기도했다. 그는 심지어 우리 집에 와서도 기도시간이 되었을 때 기도를 드렸다. 조용한 한 평 남짓한 공간을 찾아낸 것이다. 인간적인 눈으로 봤을 때, 그렇게 강한 믿음, 흔들림 없는 믿음을 가진 자매는 내가 당장 예수님을 전해도 꿈쩍도 안 할 견고한 성처럼 보였다. 그런 학생을 나는 어떻게 대해야 하는지, 처음에는 고민이 되었다. 3개월 한국어를 가르치고 나면 헤어질 학생으로 나의 에너지를 아끼며 대해야 할 것인가, 아니면 '진심'이 담긴 '전심'으로 가르치고 대할 것인가. 결국, 후자를 선택하게 되었고, 그 학생과 함께 보낸 시간에 나는 교사로서의 열정과 최선의 인격적인 가르침, 그리스도인의 사랑을 전하겠다고 다짐했다. 마지막 수업 날, 그녀는 나에게 직접 그린 그림 한 장을 선물했다. 우리가 함께 찍은 사진을 그림으로 그렸다. 그 뒤에는 짧은 편지 글이 쓰여 있었다.

'내 인생에서 선생님을 만날 수 있었던 것은 큰 행복입니다.'

내 수업에 한 번도 빠지지 않았던 그녀의 진심이 나에게 전해지는 순간이다.
지난번 성탄절 카드 만들기 때 나에게 준 카드에는 내가 자신이 만난 사람 중에 제일 영혼이 깨끗한 사람이라고 써 주었다. 아주 신실한 무슬림 자매에게 칭찬을 받았을 때, 나는 무엇보다 나의 진심이 그녀의 마음에 닿은 것 같아 뛸 듯이 기뻤다.

'진심'은 언제든지, 누구에게나 통한다.

태도

내 이름 옆에 붙는
또 다른 이름표

냉탕과 온탕

'그 사람의 태도는 그 사람의 다른 이름표다.'

　'성실'하면 누구, '요리 솜씨' 하면 누구, '집요함' 하면 누구라고 이름이 떠오르는 사람들이 있다. 삶의 한 부분에 대한 태도는 그 사람을 대변하기도 한다. 그 사람의 이름은 그 성질이 좋든지 나쁘든지 그 사람이 어떠한가에 대해서 보여준다.

우리 엄마는 슬하에 자식 둘을 두셨다. 자식들은 이제 다 자라 중년의 시기를 지나가고 있다. 우리가 어렸을 때, 엄마는 "에휴, 어제는 학교에 가서 당당히 어깨를 펴고 자식 덕분에 좋은 말을 듣고 왔는데, 오늘은 자식 때문에 죄인 마냥 선생님 앞에서 고개를 연신 수그리다가 왔다. 인생이 냉탕과 온탕을 오간다."라며 푸념하신 적이 있다. 내가 엄마 기억 속의 어제의 그 자식인지 오늘의 그 자식인지는 읽는 분들의 상상에 맡기겠다.

우리 엄마가 했던 그 푸념, 한 배에서 나왔는데 왜 이렇게 다르냐는 그 푸념이 이제 내 입에서도 똑같이 나온다. 나는 엄마보다 아이를 한 명 더 낳아서 자녀 셋을 두었다. 나도 옛날의 엄마처럼 어제는 학교에서 칭송을 받았는데, 오늘은 학교에 가서 머리를 조아린다. 믿었던 자식에 대한 배신감 때문인지 화가 난 남편은 옆에서 아무 말도 안 하고 앉아 있다. 나는 선생님의 기분을 풀어드릴 요량으로 이런 말, 저런 말, 어쩌면 쓸데없어 보이는 말들까지 끌어다가 풀어놓는다. 10분이면 끝날 줄 알았던 학부모 상담시간이 30분을 넘어간다. 내 자식의 나쁜 태도는 그의 또 다른 이름이 되었다.

타인은 내 태도를 보고 나를 안다

아이의 성적이 좋고 나쁘고는 중요하지 않았다. 엄마인 나는 수업

시간에 보이는 아이의 태도에 화가 났다. 딱 정해진 시간에만 그 아이를 만나는 선생님에겐 그 모습이 그 아이의 전부이다. 그 시간만 보는 것으로 어떻게 그 사람의 전부를 판단할 수 있냐는 문제와는 또 다른 차원의 것이다. 세상 누구도 나의 전부를 알 수 있는 타인은 없다. 함께 살을 맞대고 사는 남편조차도 나에 대해서 모른다. 하물며 그 짧은 시간, 하루에 길게는 몇 시간 동안만 나를 대하는 사람들이 나에 대해서 잘 알 수 있을 리 없다.

그렇다면 무엇이 다른 사람들이 '나'에 대해서 판단할 수 있는 기준점이 될 수 있을까?

내가 다른 사람들과 함께 있을 때 보이는 '태도'가 타인이 나를 판단할 수 있는 기준점이 된다. 내가 건성건성 하고 예의 바르지 못한 태도를 보였다면 그때 나를 알고 나를 겪어 본 사람들은 나에 대해서 "그 사람은 성실하지 못한 사람이야"라는 꼬리표 한 줄을 보탤 것이다. 반면에 짧은 시간에라도 보인 나의 태도가 다른 사람을 존중하고, 열심을 내며 그들과 함께 있는 그 공간과 시간을 중요하게 여긴다는 느낌이 들게 했다면 그들은 나에 대해서 "그 사람은 정말 괜찮은 사람이야"라는 쇼리표를 내 이름 석 사 옆에 수식어로 붙여둘 것이다.

칭찬받는 삶을 만드는 방법

아이는 학교 선생님들에게나 친구들에게나 사랑을 많이 받고 있었다. 다른 과목에서는 좋은 성적도 거두었다. 그런데 유독 이 과목에서만 수업 참여 태도가 좋지 않다는 말과 함께 믿을 수 없는 성적을 보이고 있었다. 선생님은 자기 수업에서 이러는데 다른 수업에서는 괜찮을까라는 의심까지 품고 있었다. 당연히 할 수 있는 생각이다. 하나를 보면 열을 안다는 속담도 있으니까 말이다. 하지만 아이는 유독 이 과목에서만 불성실한 학생이었는데 모든 과목에서 그런 것이 아니라서 한편으로는 다행이었다.

　아이는 왜 이 과목에서만 저평가를 받는 것일까. 곰곰이 생각해 보니 아이는 이 과목에 흥미가 없다. 파고들지 않았다. 흥미가 있었다면 당연히 파고들었을 것이다.

　요즘 세상은 자신이 관심을 두는 일에 파고들라고 말한다. 얼마나 깊이 파느냐에 일의 성패가 달려있다고 말한다. 깊이 파고 깊이 뛰어들라. 딥 디깅, 딥 다이브가 현재를 살아가는 많은 젊은이의 키워드라고 한다.

　아이는 어떻게 하면 그 과목에 딥 디깅, 딥 다이브 할 수 있을까. 깊이 파고 깊이 뛰어들 수 있는 원동력은 '재미'가 아니라 '의미'에 있다. 그 '의미'는 그 일을 대하는 '태도'와 연관된다.

학생으로서 학교에서 배우는 시간에는 최선을 다해야 한다. 학생이 마땅히 해야 하는 일은 열심히 배우고 갈고닦는 일이다. 최선을 다하고 열심히 배우는 행위의 앞자리에 먼저 두어야 할 것은 바로 좋은 태도이다. 성실하게 임하겠다, 선생님의 지식을 스펀지처럼 빨아들여 내 것으로 만들겠다, 이 시간에 최선을 다하겠다, 등을 곧게 펴고 잡생각이 들지 않도록 집중하겠다는 그 '태도'가 학습의 추진력이 되어준다.

비단 학생에게만 적용되는 것은 아니다. 어떤 역할과 임무를 맡았든 간에 그 일에 임하는 태도가 그 일이 진행되는 과정과 결과까지 책임져 줄 것이다. 반대로 대충 해도 된다, 안 해도 된다, 적당히 넘기면 된다, 욕먹지 않게만 한다, 다른 사람은 모르게만 하면 된다는 그런 안일한 태도들은 불 보듯 뻔한 안 좋은 결과들을 가져다준다.

오늘의 삶의 자리에서 인간으로서의 태도, 부모로서의 태도, 배우자로서의 태도, 자녀로서의 태도, 선교사로서의 태도, 그리스도인으로서의 태도, 한국어 교사로서의 태도, 글 쓰는 사람으로의 태도를 먼저 생각하고 정립하여 내가 해야 될 일에 임하게 된다면 이미 절반의 성공을 거두었다고 생각해도 되지 않을까.

오늘이 아이에게도 '태도'의 중요성에 대해서 깨닫는 날이었으면 좋겠다. 앞으로 평생의 삶 속에서 그의 인생을 이끌어 가는 핵심 단어가 되면 좋겠다는 기도를 드린다.

무슨 일을 하든지 마음을 다하여 주께 하듯하고 사람에게 하듯하지 말라

골로새서 3:23

비록 존재감은 없지만 삶은 행복해

05
이방인
나무가 되고 싶은
꿈을 꾸는 사람

인정받고 싶은 이방인

나는 대한민국 여권 소지자이기 때문에 당연히 한국 사람이다.
 하지만 이 땅, 알바니아에서 나를 보는 대다수의 사람은 내가 중국인이라고 생각한다. 나는 중국인이 아니라 한국인이라고 힘주어 항명한다. 그래도 그들은 뒤돌아서며 "중국인이래"라며 자신들의 믿음을 굽히지 않는다. 한국인이라는 정체성이 거절당하면 화가 나기도 하고 속도 상한다.
 어느 날, 옷가게에서 옷을 산 후에 계산을 위해 줄을 서고 있었다.

내 차례가 되었고, 계산원은 내가 한국 사람인 것을 알아채고는 반갑게 말을 걸어 주었다. 그 사람의 전화번호를 물어보지 않은 것이 나중에 두고두고 후회되었다. 그 순간에 참 많이 고마웠고 기뻤다.

나의 정체성을 알아봐 준다는 것이 이렇게 고마울 줄은 몰랐다. 아시아 사람은 중국 사람이라는 사고체계를 가진 사람들 사이에서 한국인과 중국인, 일본인을 구분해 줄 수 있는 사람을 만났다는 것은 기적 그 자체였다. 평소에 '칭챙총'(홍콩 무협 영화의 무술 장면에서 많이 나오는 칼 부딪히는 소리)이라며 아시아 사람을 놀리는 말을 들을 때에도 대수롭지 않게 여기며 넘겼다. 그런데 한눈에 내가 한국 사람인 것을 알아봐 주는 사람이 그렇게 고마웠다는 것은 한국인으로서의 나의 정체성을 인정받고 싶은 이방인의 목마름이 내게도 있음을 알게 해 주었다. 이제는 틱톡의 영향으로 아시아 사람을 놀리는 단어가 '칭챙총'에서 '삥치린'(아이스크림을 뜻하는 중국어)으로 변화하고 있다. 그 단어들 뒤에 숨은 '너희들은 우리 땅에서는 이방인이야'라는 은유는 내 마음에 서러움과 서운함이 스며들게 한다. 나를 향해, 우리를 향해 선을 긋는 그들을 느낀다.

플라타너스가 되고 싶은 이방인

집에서 아이들 학교까지 이어진 길 양쪽에는 플라타너스들이 서로

키재기를 하면서 어깨를 맞대고 있다. 가로수로 많이 쓰이는 플라타너스는 한국에서도 중국 상하이에서도 알바니아 티라나에서도 가로수로 그 몫을 톡톡히 하고 있다.

스물한 살, 어린 나이로 중국 상하이에 첫발을 들였을 때, 가장 놀라웠던 것은 플라타너스의 생김새였다. 한국의 플라타너스와는 아주 다른 모양을 하고 있었다. 상하이의 플라타너스와 그 가지는 꼭 동화 속에 나오는 무서운 마녀의 손과 삐쩍 마른 손가락처럼 보였다. 하얀색 껍질을 하고서는 무언가 움켜쥐고 싶은 듯한 그 가지들은 상하이라는 24시간 내내 쉬지 않고 돌아가는 바쁜 도시의 욕망과 딱 들어맞아 보였다. 고국이 아닌 이국땅에서 만난 플라타너스와 나는 서로에게 묘한 이질감을 선사했다.

한국 우리 동네에서 보던 플라타너스는 나이가 많이 들어서 기둥도 두껍고 키도 크고 튼튼했다. 마치 마음씨 좋은 할아버지처럼 도시를 든든히 받쳐주고 있는 느낌이었다. 현재 내가 매일 걷고 있는 플라타너스 길은 나무 기둥도 얇고 키도 작다. 비실비실 힘이 없어 보이는 나무는 때가 되면 너도나도 무성한 잎을 뿜어낸다. 공기까지 태워버릴 듯한 태양 볕 아래에 시원한 그늘을 만들어 준다. 플라타너스가 만들어 주는 그림자 위에서 언뜻언뜻 비추는 태양의 눈부심은 시시때때로 주님을 묵상하게 해 준다.

각기 다른 땅에 심긴 플라타너스는 그 땅에 맞는 역할을 찾아 뿌리를 내리고 열매를 맺으며 자리를 잡았다. 지금도 나는 여전히 이방인으로 살고 있다. '한국인'이라는 국적으로의 정체성을 고집하기보다는 한국에서 중국으로 중국에서 태국으로 태국에서 알바니아로 심긴 플라타너스이고 싶다.

주님께서는 '나'라는 작고 여린 나무를 여러 땅을 거치게 하시면서 계속 분갈이를 해 주고 계신다는 생각이 든다. 나이가 들면서 더 커지는 나의 마음은 플라타너스가 뿌리 내리기 좋은 큰 화분이 되었다. 그 화분에 각 나라의 토양과 햇빛과 물이 주어진다. 어떤 땅에 심겼든지 간에 언제 떠날지 모르는 새들을 품어주는 나무로 그 자리를 지킬 것이다. 더 깊이 뿌리 내리며 나뭇잎과 열매들을 다 떨어뜨리는 모진 비바람을 견딜 것이다. 새순을 피울 봄을 기다림으로 겨울이라는 절망 속에서 희망을 찾아 나를 이방인이라고 부르는 사람들에게 쉴만한 나무 그늘을 만들어 주는 그런 나무 말이다.

나무가 되어 그들의 선 안으로 들어가고 싶다.

이 땅에서는 누구나 이방인

조해진의 소설 『로기완을 만났다』에서는 정체성에 다음과 같이 말하고 있다.

비록 존재감은 없지만 삶은 행복해

"우리의 삶과 정체성을 증명할 수 있는 단서들이란 어쩌면 생각보다 지나치게 허술하거나 혹은 실재하지 않을지도 모른다. 의도와 관계없이 맺어지는 사회적 관계들, 관습 혹은 단순한 호감에 의해 만들어지는 수많은 커뮤니티, 실체도 없이 우리 삶의 테두리를 제한하고 경계 짓는 국적이나 호적 같은 것들은 혼자가 아니라는 위로는 줄 수 있겠지만 그 위로는 영원하지도 않고 진실하지도 않다."

나도 17년이나 되는 삶의 시간을 이방인으로서의 정체성을 가지고 살았다. 한국에 부모님과 친구들이 있지만 내 삶의 페이지를 채운 대부분의 사람은 한국 사람들이 아니라 외국인들이었다. 중국과 태국, 그리고 알바니아까지 나와 함께 한 사람들은 그들 자신과 다른 나를 외국인, 이방인이라고 여겼다.

본향에 들어가기까지는 이 땅을 살아가는 누구나 다 이방인이다. 나라나 정부가 우리의 정체성을 끝까지 지켜줄 수 있다는 보장이 없다. 전쟁을 겪고 있는 땅의 사람들은 언제 자신의 나라나 민족을 한순간에 잃을 것이라고 생각이나 해 보았겠는가. 갈수록 불확실함 속에서 살아가는 우리는 누구나 잠재된 이방인이다. 어느 나라 여권을 소지했느냐의 정체성도 중요하다. 그보다 더 중요한 정체성은 그리스도인으로서의 정체성을 갖고 사는 것이다.

어느 땅에 심겨도 적응하고 살아남아 열매 맺는 나무로써 그 땅을 거침없이 살아가는 이방인이고 싶다. 그렇게 살아 낸다면 이방인인 나를 향해 그들이 긋는 선은 나의 나이테가 될 수 있지 않을까.

비록 존재감은 없지만 삶은 행복해

여성

시멘트를
뚫고 나오는 꽃처럼

3.8 국제 여성의 날

한 여성이 풍성한 장미 꽃다발 한 다발을 가슴에 안고 사뭇 의기양양한 표정을 지으며 내 곁을 지나간다. 아, 저 사람도 누군가로부터 꽃다발을 받았구나. 알바니아에서는 여성이라면 반드시 꽃다발을 받아야 하는 날이 있다. 바로 3월 8일, 국제 여성의 날이다. 한국에서는 알지 못했던 기념일이었는데 알바니아에 와서야 알게 되었다. 1908년 3월 8일, 미국의 여성 노동자들이 그들의 생존권(빵)과 참

정권(장미)을 위해 투쟁하며 '우리에게 빵과 장미를'이라는 구호를 외쳤다.

러시아나 뒤에 '-스탄'이 붙은 나라들과 이곳 알바니아, 모계사회인 캄보디아 등에서 이날을 아주 큰 기념일로 지킨다. 매년 3월 8일이 되면 알바니아 꽃집에서는 꽃이 불티나게 팔린다. 장미 한 송이에 한화 사천 원을 웃도는 비싼 가격임에도 사람들 손에는 장미 꽃다발이 하나씩 들려있다. 저녁이 되면 근사한 곳에서 가족 모두 나와 엄마를 위해서 외식을 하기도 한다.

장미꽃을 받지 않으면 이상한 날, 쓸쓸한 모습을 감출 수 없는 이들이 있다.

사랑한다면 때리지 마세요

우리 집에서 이민국까지 가는 길에 있는 허름한 빌라에 벽화가 그려져 있다. 가운데는 노랗고 잎은 하얀 계란꽃 한 송이가 꽃잎을 떨구며 바람에 흔들리는 그림이다. 하얀색 잎은 다 떨어지고 두세 장만 붙어 있는 모습이다.

"저를 사랑하시나요?
저를 사랑하지 않으시나요?

비록 존재감은 없지만 삶은 행복해

저를 사랑한다면 때리지 마세요."

그림 옆에는 이 세 문장이 알바니아어로 쓰여 있다. 맨 처음 비자 신청을 위해 이민국으로 가면서 이 길을 지날 때는 알바니아어 까막눈이었기 때문에 보면서도 무슨 말인지 몰랐다. 여기서 머무는 시간이 길어지고 어느 정도 알바니아어를 할 수 있을 때야 비로소 다 쓰러져가는 4층짜리 빌라 벽에 써진 저 글귀가 무슨 뜻인지 알게 되었다. 이민국이 있는 동네는 내가 사는 아파트 단지처럼 깨끗하지 않다. 오래되고 낡은 건물들이 즐비해 있다. 벽화로 미루어 짐작해 봤을 때, 아마 그 동네에서는 가정 폭력이 많이 일어나는구나 싶었다. 여성뿐만이 아니라 많은 아동이 가정 안에서조차도 보호받지 못하는 일이 즐비하다.

알바니아 여성들은 어린이든지 성인이든지 간에 나이를 불문하고 현대판 성노예로 인신매매 당하는 일도 일어나고 있다. 영국 <인디펜던트>지의 2018년 2월 11일 자 기사에는 알바니아 여성인 나타샤에 대해서 소개하고 있다. 이는 한 여성이 알바니아에서 대학을 마치고 교제하던 벨기에 남자의 고향을 방문하기 위해 그와 함께 있던 중 강제 매춘으로 팔려 넘어간 사례이다. 그녀는 어디인지 모르는 곳에서 1년 8개월 동안이나 원하지 않는 일을 해야 했으며 결국에는 임신 7개월이 되었을 때 극적으로 그곳을 탈출하여 영국으로 오게 되었다. 기사에는 나타샤가 알바니아의 가족들을 만나기 두려워하며 영국으로 망명하기를 기다리고 있는 상태라고 했다. 기사는 그렇게 끝이 났다. 그 후에 그녀가 어떻게 되었는지는 알 길이 없다. 내가 아는 선교사님으로부터 선교사님이 아는 알바니아 자매가 이런 일을 경험하기 직전에 구출되었다는 이야기를 들은 적도 있다.

알바니아에서는 극심한 경제난 때문에 그리스나 서유럽으로 나가서 일하기를 원하는 젊은이들이 많다. 그런 사람들을 노려서 일자리를 주선하겠다며 여권을 걷어놓고서는 인신매매로 팔아넘기는 일들이 종종 일어난다. 국제노동기구(International Labor Organization) 2017 보고서에 따르면 지난 5년 동안 8,900만 명이 어떤 형태로든 현대판 노예제도를 경험했다. 그중 매춘 등 강제 노동에 종사하는 사람은 약 2천5백만 명으로 추산된다고 한다. 여성과 소녀들은 현대판 노예 피해자의 71%를 차지했다. 알바니아는 EU에 가입하기 위해서 계속해서 마약과 인신매매 근절에 대해서 노력하고 있지만 쉽게 큰돈을 벌 수 있는 수단이기 때문에 끊어내기가 쉽지 않다. 이와 더불어 코로나 기간 동안 나라 전체가 셧다운 되는 일을 겪으면서 배우자 또는 파트너로부터 행해진 가정 폭력에 시달리는 여성들의 수가 폭발적으로 늘기도 했다.

나를 사랑한다면 때리지 말아 달라는 가녀린 꽃 한 송이의 외침이 3월 8일 국제 여성의 날의 풍성한 장미 꽃다발의 아름다움에 묻

비록 존재감은 없지만 삶은 행복해

히고 있다.

여덟 살 '이다(Ida)'

여덟 살짜리 어린아이 '이다'는 매주 금요일마다 학교가 끝나는 시간인 12시 20분에 나와 만났다. 이다는 엄마, 3살짜리 어린 남동생과 함께 살았다. 알바니아 남부에서 이곳 티라나로 이사 온 지는 얼마 되지 않았다. 이다 엄마는 미혼모, 한부모 가정 사역을 하는 선교사님과 연결이 되었다. 나도 함께 이다를 돕게 되었다. 아주 소소한 도움이었다. 매주 금요일마다 이다를 교회에서 운영하는 방과후 학교에 데려다 주는 일이었다. 처음에 이다를 만나러 갈 때는 그저 아이를 안전하게만 데려다주면 된다고 생각했다. 왕복 걸어서 40분의 시간이 나에게는 운동도 되고 겸사겸사 좋았다.

처음에 이다는 아시아 사람인 나를 어색해했다. 시간이 점점 흐를수록 아이는 나에게 마음을 열었다. 자신의 손에 난 상처를 보여주며 약을 발라달라고 했고, 서슴없이 배가 고프다고 했다. 어떤 날은 아이스크림이 먹고 싶다고도 했고 어떤 때는 화장실에 가고 싶다고도 했다. 아무 생각 없던 나는 아이와 함께 하는 짧은 1시간 남짓한 시간을 아끼게 되었다. 그 시간 만큼은 내가 아이의 보호자였다. 엄마였다.

나는 아이가 먹고 싶다는 것을 사주었고, '고맙습니다'라고 말하는 법을 가르치기도 했다. 영어도 배우고 싶다고 하길래 어떤 날은 요일을 영어로 가르쳐 주고 어떤 날은 숫자를, 또 어떤 날은 색깔을 가르쳐 주었다. 나와 함께 하는 시간에 이다가 예수님을 알기를 바라는 마음으로 얇은 성경 동화책 여러 권을 주었다. 진흙 길을 지나가야 할 때는 진흙 길과 좋은 길을 비교하면서 예수님의 말씀대로 사는 삶이 좋은 길이라는 것을 알려주기도 했다. 아이는 내가 전하는 예수님 이야기에 반응하면서 잠들기 전에 꼭 기도하고 잔다고 하기도 했다.

이다의 엄마는 가정 폭력을 행사하는 남편을 피해 티라나로 피신을 왔는데 계속해서 남편의 협박을 받고 있었다. 그런 환경에 처한 이다가 짠하기도 하고 젊은 이다 엄마가 어린아이 둘을 데리고 타지에서 열심히 일하는 모습을 대단하게 생각하면서 존경 어린 마음으로 내가 도울 수 있는 한도 안에서 힘껏 돕자고 다짐했다.

그러던 어느 날, 이다는 자신이 나와 함께 하는 마지막 날이라는 것을 알기라도 했는지 나에게 한 번도 사달라고 하지 않았던 수플라체를 사달라고 했다. 그동안은 작은 크림빵 하나씩을 사서 먹었는데 오늘은 2천 원 정도 하는 이곳 대표 인스턴트 음식을 사달라는 것이었다. 나는 속으로 '이 녀석, 오늘은 좀 거하게 먹고 싶은가 보네.'라고 생각하며 아이의 청을 들어주었다. 지갑을 잘 안 들고

비록 존재감은 없지만 삶은 행복해

다니는 나였는데 그날은 어떻게 바지 주머니에 넉넉하게 5천 원 정도 되는 돈을 가지고 있었다. 아이는 방과후 학교에 들어가서 점심으로 그 음식을 먹을 것이었다. 방과후 학교 문 앞에서 이다는 나를 향해 활짝 웃어 보였다. 우리는 포옹했고, 다음 주에 만나자고 인사하며 헤어졌다.

그게 이다를 만나는 마지막 시간이 될 줄은 몰랐다. 주말 새에 이다 엄마는 전남편으로부터 계속되는 협박에 두려움을 이기지 못하고 이곳의 모든 것을 정리하여 친구가 있는 프랑스로 떠났다. 그게 벌써 작년 6월의 일이다. 지금 이다 가족이 어떻게 지내는지 나는 알지 못한다. 그날이 이다를 보는 마지막 날이었다면 더 잘해 주었을 걸, 더 도움이 되는 무언가를 해 주었을 걸, 하는 후회가 나에게 남았다. 하지만 정말 다행인 것은 이다가 마지막으로 먹고 싶어 했던 수플라체를 사줄 수 있다는 거였다.

3월 8일 국제 여성의 날에 이다 엄마는 누군가로부터 꽃 한 송이라도 받았을까.

시멘트를 뚫고 나오는 꽃처럼

낸시 슬러님 애러니의 책에서 보았던 표현이다. 시멘트를 뚫고 나오는 꽃.

Chapter I. 삶의 윤활유

알바니아에서 같은 비유를 찾아보자면 돌산을 뚫고 나오는 들꽃이라고 하면 좋을까? 이곳에 있는 많은 여성들은 살아있는 눈빛과 강인한 생활력을 가지고 있다. 1900년대 초만 해도 이곳의 여성은 남성의 전유물이었다. 신부의 아버지는 신랑에게 결혼 혼수품으로 총알을 주기도 했는데, 그것은 아내가 중죄를 지었을 때 언제든지 남편이 아내를 향해 발포할 수 있다는 권한을 주는 것이었다. 엔버 호자의 공산주의 50년을 겪으면서 알바니아 여성들의 참정권과 교육권은 개선되는 듯이 보였다. 현재도 알바니아 내각을 구성하는 여성의 비율은 60퍼센트가 넘는데 이는 유럽에서 가장 높은 축에 든다. 하지만 여성 정치인들도 여전히 자신들을 종이 대표로 세워놓는 관행에 개탄을 금치 못하고 있다. 어린아이와 젊은 여성을 향한 폭력과 인신매매도 근절되어야 한다.

3월 8일 국제 여성의 날이 단순히 밖에서 맛있는 음식을 먹고, 장미꽃이나 주는 날로 여겨지지 않았으면 좋겠다. 이날이 여성으로 태어난 것을 원망하거나 후회하는 사람들에게, 여성으로 태어난 것이 참 좋다고 느끼게 하는 시간이 되길 바란다. 그리고 여성이 아닌 사람들에게는 여성이 곁에 있는 것을 감사하게 생각하는 날이 되길 바란다.

어느 해 3월 8일에는 모든 여성이 웃을 수 있도록.

비록 존재감은 없지만 삶은 행복해

갈대

바람에 흔들리기는 해도
절대 꺾이지 않는 유연함으로

다 놓아 버리고 싶은 순간 앞에서

현지인 친구를 만나러 지방으로 내려가는 길, 비바람에 이리저리 흔들리는 갈대가 눈에 들어온다. 예전에 '갈대'는 나에게 줏대 없이 마음을 이리 바꿨다, 저리 바꾸는 변덕쟁이를 대표했다. 지금은 '갈대'가 새로운 의미로 다가온다. 갈대는 힘든 상황 속에서 이리저리 흔들리고 바람을 맞으며 휠 수는 있지만 절대 꺾이지 않는다. 늘 꼿꼿하게 서 있지 않는다. 바람이 불면 바람이 부는 대로 유연하게 움직인다.

갈대 옆에 또 다른 갈대들은 부러지지 않도록 서로에게 바람막이가 되어준다.

앨리스는 울적한 목소리로 말했다.
"하지만 여긴 너무 쓸쓸해요!"
너무 외롭다는 생각이 들자 커다란 눈물 두 방울이 뺨을 타고 주르르 흘러내렸다.
가엾은 하얀 여왕은 절망스럽다는 듯이 두 손을 꽉 쥐었다.
"으, 뚝 그치지 못하겠니! 네가 얼마나 착한 앤지 생각해 봐. 오늘 네가 얼마나 먼 길을 왔는지도 생각해 보고. 지금이 몇 시인지도 생각해 보고. 뭐든 생각해 봐, 울지만 말고!"
앨리스는 울다가 이 말을 듣고 웃음을 터뜨리지 않을 수가 없었다.
앨리스가 물었다.
"당신은 그런 것들을 생각하면 울음이 멎나요?"
하얀 여왕은 대단히 단호하게 말했다.
"그게 울음을 그칠 수 있는 방법이지. 한꺼번에 두 가지 일을 할 수 있는 사람은 아무도 없어. 먼저 네 나이를 생각해 보자. 지금 몇 살이지?"

- 시공주니어『거울 나라의 앨리스』p.102

비록 존재감은 없지만 삶은 행복해

아이들 책꽂이에서 책 한 권을 꺼냈다. 우리가 잘 알고 있는 『이상한 나라의 앨리스』의 다른 시리즈 『거울 나라의 앨리스』가 있는지 처음 알았다. 앨리스는 하얀 여왕과의 대화 중 너무 외롭다는 생각이 들자 울음을 터뜨려 버린다. 앨리스는 혼자 이곳으로 와서 이상한 일들을 겪으면서 빨리 집으로 돌아가고 싶다는 생각이 들었을 것이다. 말도 안 되고 한 번도 겪어보지 못했던 일들 앞에서 앨리스는 때로는 무서웠고 때로는 당황스러웠다. 그러면서도 반드시 집으로 돌아가는 길을 찾겠다고 다짐하면서 여기까지 왔을 것이다. 그런데 이제는 혼자 아등바등하는 것이 너무 힘들고 버겁다. 문제를 함께 헤쳐나가고 풀어나갈 사람이 없다.

나도 어떤 때는 앨리스 같다. 남아있는 생이 아직 너무 길으니 미래를 준비하겠다고, 주님께서 나에게 주신 달란트를 계발하겠다고, 글쓰기를 배우고 공부하고 도전하고 있다. 하지만 어떤 때는 이거 왜 했나 한숨이 나온다. 괜한 일을 시작해서 고생이다. 분명히 내 안에 예수님께서 계시는데 자꾸 이런 후회가 밀려온다. 너무 어렵고 외롭다. 혼자 이 길을 가야 하는 것이 두렵다. 못 했을 때의 비난이 무섭다. 울고 싶은 때도 있지만 글쓰기가 어렵다고 우는 게 어른에게는 어울리지 않는 행동인 것 같아서 울 수도 없다.

결국 뜨거운 눈물을 쏟는 앨리스를 하얀 여왕은 호통친다. 그렇게 울지만 말고 자신이 누구인지 생각해 보라고 한다. 앨리스가 집으로 가는 길을 찾기 위해 오늘 그렇게 힘든 길을 걸어오지 않았던가 생각해 보라고 한다. 앨리스는 그런 것을 생각하다 보면 울음이 멎냐고 웃음을 터뜨리며 물었다. 하얀 여왕은 단호하게 말한다. 그것이 울음을 그칠 수 있는 방법이라고 한다.

하얀 여왕이 나에게도 충고한다.

나 자신은 누구인가

내 안에 살아계신 예수님이 계신다. 의지력도 연약하고 결단력도 부족한 '나' 자체는 얼마나 보잘것없는 사람인가. 하지만 나는 나에게 속한 사람이 아니다. 나는 주님께 속한 사람이다. 그렇다면 나는 얼마나 괜찮은 사람인가. 나는 할 수 있는 사람이다. 나는 실패자가 아니다. 나는 넘어져도 다시 일어날 수 있는 사람이다. 나는 비록 실수할지라도 그만두지는 않는 사람이다. 나는 잠깐 쉴지언정 다시 해나갈 수 있는 내공이 있는 사람이다. 나는 지금 보잘것없는 어린 나무 같지만 결국 뿌리가 튼튼하고 깊이 내린 큰 나무가 될 것이다. 나는 슬프고 힘들 때 울 수 있지만 울음을 그치고 깊은숨을 들이마신 후 다시 웃을 수 있는 사람이다. 나는 목표를 이루어 나가는 것

비록 존재감은 없지만 삶은 행복해

이 고통스럽다는 것을 잘 아는 사람이다. 나는 종종 느슨해지고 게을러지다가도 다시 열심을 내어 살 수 있는 사람이다. 나는 '이런 건 해서 뭘 해'라는 내면의 속삭임이 사단의 공격임을 아는 사람이다.

반드시 이기게 되어 있다

나는 누구인가를 찾기 위해서
나는 어떻게 무엇을 하며 살아갈 것인가를 찾기 위해서
나 자신은 어떤 노력을 해 왔는가 생각해 본다.

나는 눈에 들어오지도 않는 글들을 읽기 위해 얼마나 노력해야만 했던가. 변변한 책상도 없이 식탁에 앉아서 밥상이 치워질 때를 기다리며 밤을 꼬박 새우며 책을 요약했던 일, 열심히 읽고 공부해서 글을 썼던 일, 아이들을 키우면서는 아이들 책만 사다가 16년 만에 오롯이 나만의 책을 사서 읽으면서 얼마나 기뻤던가. 읽기만 하는 사람에서 쓰는 사람으로 변화되는 결정을 내리려고 나는 얼마나 치열하게 나 자신과 싸워야 했던가. 주님으로부터 가족으로부터 심지어 바람으로부터 그 길을 가라고 지지받지 않았던가.

이런 일련의 과정들을 생각해 보니 참 많이 애썼구나. 열심히 했구나. 나 자신이 기특해진다. 지금 눈에 보이는 결과물이 당장에는 없더라도 지금까지 한 것들이 앞으로도 동일하게 또 쌓이고 쌓인다면 나는 가늘게 뭐라도 되고 뭐라도 하고 있지 않을까.

하다가 힘들 수 있다. 지치게 될 거다. 처음에 불같은 열정으로 달려들었던 일이 삶에 치이고 나만의 시간을 만들어내지 못하는 상황에 처하게 될 때 버겁게 느껴진다. 그만 두고 싶어진다. 해서 뭐 하나 후회가 밀려온다. 그냥 지금 관두어도 내 삶에 아무 오점도 남기지 않을 것 같이 느껴진다. 그냥 이 힘듦을 받아들이자. 힘들지 않은 일은 없다. 어떤 일이든지 열심히 하다 보면 어느 순간에 힘들어진다. 어렸을 때 피아노를 배울 때도 그랬고 커서 중국어를 배울 때도 그랬다. 선교사를 하면서도 그랬다. 그 힘든 순간을 반드시 거쳐야만 한다. 그래야 피아노도 더 잘 칠 수 있게 되고, 고급 중국어를 구사하게 되고, 더 성숙한 선교사가 될 수 있다.

지금 힘든 시간은 당연하게 주어지는 시간이다. 회피하거나 잠식당하지 말자. 당당하게 이 힘듦을 끌고 가자. 외로움으로 힘듦으로 어려움으로 들어갈수록 다시 뛰어오를 수 있는 높이가 높아진다는 것을 잊지 말자.

이 힘든 시간을 이겨내게 되어있다. 나 혼자 하는 것이 아니라 주님이 계시기 때문이다. 내 안에 계신 예수님이 나를 지키신다. 비록 힘든 그 순간에, 그 과정에는 주님이 나와 함께 계신 것 같지 않게 느껴지지만, 주님은 내 곁에 계신다. 그분은 변함없이 나와 함께 하시는데 내가 주님 보기를 거부하는 것이다. 신나고 행복할 때는 '주님께서 해주셨어'라는 고백이 저절로 나오지만 힘들고 어려울 때는 주님을 찾지 않고 그 감정 속으로 나를 침몰시키기 원한다. 주님을 믿고 주님을 찾는 자들이라면 언젠가는 반드시 이기게 되어있다.

언젠가는 반드시 이루게 되어있다.

혼자가 아니다

선교사로서 나에게 맡겨진 사역을 하고 아이들을 키운다. 굳이 '도전'을 하지 않아도 나에게 뭐라고 할 사람은 없다. 하지만 늘 나를 성장하게 할 그 무언가에 대한 갈망함이 있었다. 성장하는 사람, 성숙한 사람이 되고 싶어서, 늘 배움에 대한 미련이 남아서 글쓰기와 독서를 시작하게 되었다.

새롭게 무언가를 다시 시작한다고 했을 때, 혼자 북 치고 장구 치는 듯한 감정이 들었다. 자세히 생각해 보면 혼자서만 고군분투하지 않았다. 모르겠고 어떻게 해야 하는지 어렵게만 느껴질 때 물어볼 수 있는 선생님이 계셨다. 전문가라고 당당히 나서지는 못했지만 그럼에도 불구하고 나의 수업을 찾아 주신 분들이 계셨다. 함께 글쓰기를 하면서 서로 격려하고 포기하지 말고 함께 하자고 다독여주는 분들이 계셨다. 나는 수많은 갈대 무리 중의 하나가 되어 나를 둘러싼 분들과 함께 비바람이 불면 때로는 흔들리기도 했다. 하지만 그분들과 함께 갈대처럼 하나의 뿌리를 만들었다. 부러지지는 않으면서 흔들리다가도 중심을 잡았다.

앞으로의 글쓰기 여정 속에서도 한없이 받쳐 오르는 스트레스에 눈물지을지도 모른다. 이걸 왜 시작해서…라며 후회할지도 모른다. 다른 사람과의 비교와 열등감에 시달릴 수도 있다. 재능없는 자신을 보며 낙망할지도 모른다.

그렇지만 나는 또 나처럼 글쓰기라는 새로운 도전에 직면한 새내기 '갈대'에게 바람막이가 되어 줄 것이다. 그때, 글쓰기와 독서에 도전했던 진정한 가치가 빛날 것이라고 믿는다.

'너 자신과 같이 내 이웃을 사랑하라'라는 말씀은 그렇게 갈대들 사이를 살아 누비게 되지 않을까.

> 한 사람이면 패하겠거니와 두 사람이면 능히 당하나니 삼겹줄은 쉽게 끊어지지 아니하느니라
>
> 전도서 4:12

비록 존재감은 없지만 삶은 행복해

우울

나를 곱씹어보는 시간

비 내리는 4월

2002년 중국 상하이의 4월은 한없이 우울했다. 한 달 내내 비가 내리는데 빨래도 마르지 않고, 손꼽아 기다려도 들지 않는 볕 때문에 몸도 마음도 축축했다. 학교를 다니는 학생들은 자체 방학에 돌입하면서 학교에 가기 싫은 마음과 싸워야만 했다. 매일 큐티를 하고 기도를 해도 한 달 동안 쉼 없이 내리는 비 때문에 삶의 균형은 쉽게 무너져 내렸다. 노래를 들으면서 기분 전환을 하고 싶었지만 반복해서 듣는 노래는 우울감을 더 증폭시켰다. 맛있는 음식을 먹으면 우울함이 풀릴까 싶어 비싼 한국 식당을 찾았지만, 엄마가 만들어 주시던 소소한 음식들이 더 그리워지기만 했다. 매화꽃을 피우기 위해 열심히 내리던 4월의 비 때문에 나는 시들어갔다. 그때는 날씨 때문에 마음이 우울해지는 것인지, 주님을 믿는 믿음이 약해지고 시험당해서 마음이 우울한 것인지 분간하기도 어려운 젊은 날이었다.

20년이 흘렀다. 상하이에서 티라나로 배경은 바뀌었지만 내리는 비는 같다. 여름이 성큼 다가온 것 같아서 옷장의 옷들을 반소매 옷으로 바꿔야 하나 고민이 되던 때에 일주일 동안 계속되는 비가 내리기 시작한다. 오랜만에 내리는 비와 함께 이제는 입을 일이 없겠지 하며 잘 빨아 넣어 두었던 기모 바지와 내복을 다시 꺼내 입는다. 이 비가 그치면 건조하고 뜨거운 알바니아의 여름이 본격적으로 시작된다고 생각하니 잠깐의 추위 뒤에 시작되는 6개월 동안의 무더위가 믿어지지 않는다.

왜 때문인지 모르는 우울함

비가 온다. 우울감이 밀려온다. 오랜만에 느끼는 우울함이다. 지금 내가 느끼는 우울함은 비 때문에 햇빛을 보지 못하는 비타민 D부족 현상 때문인지, 한 달 후면 이번 학년이 끝나는데 아직까지 납부를 마치지 못한 큰아이 학비와 아이들 학교 등록비, 우리 집 식구 5명의 알바니아 체류를 위한 영구 비자 비용 등 재정으로 인한 걱정 때문인지, 책 제작이라는 큰일을 마치고 난 후에 허탈한 마음 때문인지, 막내의 수학 공부를 가르치다가 답답해서 결국엔 소리를 지르는 아직까지도 마음을 절제하지 못하는 못난 내 모습에 대한 자괴감 때문인지, 기도가 부족해서 그런 것인지 아니면 인간의 근원적인 고독함 때문인지 잘 모르겠다.

상하이에서의 4월의 비를 경험하면서 무엇이 원인인지 모르는 우울함을 경험했는데, 이십 년이 지난 지금의 나는 여전히 변한 것이 없다.

여호와로 인하여 기뻐하라

이십 년 전의 나는 우울감이 찾아들면 그것에서 빠져나와 보려고 발버둥을 쳤던 것 같다. 기분을 전환하려는 여러 가지 방법들을 찾아 시도해 보곤 했다. 좋아하는 노래를 듣는다, 춤을 추거나 운동을 해서 몸을 움직인다, 초콜릿 같은 달달한 간식을 입에 달고 산다, 닭발이나 떡볶이 같은 매운 음식을 먹어 스트레스를 해소한다, 밥도 먹지 않은 채 하루종일 드라마나 영화를 본다, 사람들을 만나서 신나게 수다를 떤다, 무작정 여행을 떠난다. 그러다 보면 시간이 흘렀고 시간이 흐르다 보면 비도 그쳤다. 더위가 시작되는 계절로 접어들면서 행동반경이나 일상생활의 내용도 변하면서 우울감은 어느새 사라졌던 것 같다. 청년 때의 나는 문제의 원인을 탐색하기보다는 어떻게 문제를 해결할까에만 급급했다. 빨리 벗어나지 않으면 안 된다는 강박이 있었다. 내 삶에서 부정적인 것에는 한 자리도 내어주고 싶지 않았던 것 같다. 부정적인 감정을 인정한다는 것은 나 자신이 그 감정에 졌다, 지배당했다는 것을 의미한다고 생각했다. 또 우울감을 느낀다는 것은 신앙심 없는 행위처럼 느껴졌다.

이십 년이 지난 지금, 정말 오랜만에 우울감을 느끼고 있다. 이십 년 전의 나처럼 여전히 아직도 왜 불현듯 우울한 감정을 느끼게 되었는지 나는 잘 알지 못한다. 그런데 한 가지 변한 것이 있다면 이 감정을 대하는 자세다. 나는 빨리 우울에서 벗어나고 싶지 않다. 우울감의 원인이 무엇인지 하나하나 따져보고 있다. 그러면서 우울해도 괜찮고, 우울한 나에게 주님께서 반드시 나아가야 할 방향을 알려주실 것이라고 자신에게 말해주고 있다. 빨리 이 감정에서 벗어나기 위해 달거나 매운 음식으로 혹은 폭식으로 내 몸을 괴롭히고 싶지 않다. 하루 종일 영화나 드라마를 보면서 귀한 시간을 죽이기

비록 존재감은 없지만 삶은 행복해

도 싫다. 나 자신에 대해서도 잘 모르면서 드라마나 영화의 새로운 이야기로 도피하고 싶지 않다. 사람들을 만나면서 쓸데없는 말을 하며 마음의 공허함을 달래려고도 하지 않는다. 단지 최근 내 삶에 일어난 일들을 하나하나 되돌아보면서 우울감을 느끼는 나를 직시하고 있다. 내가 무슨 생각을 하고 있었는지 무슨 감정을 느끼고 있었는지에 대해서 자세히 살펴보고 있다.

나는 일 때문에 혹은 우리 가족에게 벌어진 사건 때문에 때때로 분노했고 실망했고 한숨이 나왔다. 나 자신에게 화가 난 적도 있다. 육아를 하고 있는지 16년이 지났지만 큰 애를 키울 때나 막내를 키울 때나 변함없는 내 모습에 창피하기도 했고 아이에게 미안하기도 했다. 재정의 주권이 하나님께 있다는 것을 알지만, 주님 나라와 그 나라의 의를 먼저 구하면 채워주실 것을 믿지만 현실적인 재정 문제 앞에서 한없이 위축되었다.

> 여호와로 인하여 기뻐하는 것이 너희의 힘이니라
>
> 느헤미야 8:10

싱크대 위에 세워놓은 쟁반에 쓰여 있는 말씀이다. 무기력하게 앉아 있는 나에게 말씀이 들어온다.

여호와를 즐거워하는 것이 나의 힘이라고 하셨는데, 나는 지금 왜 힘이 없지? 나는 왜 지금 우울하지?

　나의 능력으로 내가 가진 것으로 내가 기쁨을 얻는 것이 아니라 주님의 존재 그 자체로, 주님께서 내게 행하신 그 은혜로, 주님께서 나에게 주신 약속의 말씀이 나의 힘이 되어 내가 기뻘 수 있는 것이다. 그런데 나는 내가 가지고 있는 힘과 능력을 다 써버렸다고 느끼게 되었고 '내 것'이 고갈되었고 바닥을 드러냈다고 여겼기 때문에 기쁨이 사라졌다. 내가 어떤 일을 수행해 낼 수 있는 힘과 능의 근원은 나 자신이 아니라 주님인데 잠시 나 자신이 주인이라고 생각했던 것이다. 지금까지 수백 번 경제적인 어려움의 때에 아주 세밀하고 신실하게 인도하셨던 주님을 잠시 망각하고는 돈 들어갈 일이 태산처럼 느껴져서는 망연자실했다. 이런 나도 괜찮다고 하시고 저런 나도 괜찮다고 나의 어떠함에도 불구하고 나를 자신의 자녀 삼아 주신 주님의 그 은혜를 나는 잠깐 잊었다.

　맛있는 음식도, 기분 전환을 해 주는 쇼핑도, 재미있는 드라마도 나를 다시 채울 수 없다. 주님께서 나에게 어떤 분이신지, 내가 주님 안에서 어떤 정체성을 가지고 있는지, 주님께서 나를 인도하셨던 그 은혜와 앞으로도 동일하게 인도하실 그 은혜를 기대하면서 말씀을 기뻐하며 한 말씀이라도 내 삶 가운데 진실되게 행하기를 노력하며 사는 것, 그것이 우울감에 젖어 있는 내가 지금 선택해야 할 삶의 방향이다.

비록 존재감은 없지만 삶은 행복해

오랜만에 느낀 우울함은 나쁘지만은 않다. 이십 년 전보다 성숙한 나를 발견하게 해 주었고, 우울함 안에서도 주님을 신뢰하는 나를 찾게 해 주었으니 말이다.

갈등

해결책은
이미 주어졌다

책상 뺀다!

오늘도 두 아들들은 떡 하니 침대 위에 앉아서 공부한다. 쭉 뻗은 다리 위에 노트북을 올려놓고 손으로는 마우스를 까딱거리고 귀 한쪽에는 에어팟을 꽂고 있다. 니들은 그렇게 앉아서 공부가 되니? 아들들을 바라보는 엄마는 한숨이 푹 나온다. 나도 중고등학생 때 별이 빛나는 밤에 라디오를 들으면서 혹은 좋아하는 가수의 노래를 들으면서 공부한 적이 있다. 별로 집중이 잘 되지는 않았던 것 같

비록 존재감은 없지만 삶은 행복해

다. 수학 문제를 풀다가도 영어 단어를 외우다가도 노랫말을 흥얼거리거나 라디오 디제이의 이야기에 피식 웃음을 지었다. 귀에 꽂힌 에어팟은 그렇다 쳐도 멀쩡히 자리잡고 있는 두 개의 책상은 잡동사니 창고로 쓰고 침대에 앉아서 공부를 하니 열불이 난다. 책상 안 쓸 거면 엄마가 쓰게 책상을 빼겠다고 으름장을 놓으니 그건 안 된단다. 책상이 필요할 때가 있다고 반박한다. 나를 더 기막히게 하는 말은 방의 쓰임새에 대한 일장연설이다. 공부하고 자고 편하게 있으라고 방이 존재하는 건데 방에서 공부를 하고 있으면 침대에서 하든 책상에서 하든 방의 역할을 다 하게 하고 있으니 아무 문제없지 않느냐고 나에게 되묻는다. 그래…. 따박따박 잘도 대꾸한다. 참나…. 그런데 맞는 말이어서 할 말이 없다.

성경은 명확한 답을 제시한다

20여 년 전, 성경을 읽기 시작했던 그때 들었던 질문은 정말 성경이 삶의 수많은 질문에 대한 정답을 제시하고 있느냐였다. 어떤 사람으로 살아가야 하는가, 어떤 길을 결정해야 되는가, 현시대의 문제점을 성경은 해결해 줄 수 있는가에 대한 의문은 나이가 들면서도 계속 나에게 꼬리표처럼 붙어 함께 했다.

점점 나이가 들고 성경을 읽고 묵상하는 시간과 양이 쌓일수록 성경이 모든 삶의 문제에 답해주고 있는가라는 질문에 나는 '그렇다'라고 대답할 수 있게 되었다.

나의 힘은 무엇인가 라는 근원적인 질문에 매달려 있을 때, 성경은 이미 이천 년도 훨씬 전에 여호와를 기뻐함이 너의 힘이라고 명확하게 기록하고 있었음에도 불구하고 나는 그걸 몰라서 답을 찾아 헤매느라 시간을 낭비했다. 나는 누구인가, 어떻게 살아가야 하는가에 대한 답도 마찬가지였다. 이미 하나님께서 자신의 아들을 십자가에 달리실 정도로 나를 사랑하시며, 그런 나 자신을 사랑하고 내 이웃을 내 몸과 같이 사랑해야 한다고 성경은 이미 답을 제시하고 있었다.

2025년을 살아가고 있는 지금, 나는 또 다른 질문에 봉착했다. 우리 집은 소위 알파 세대로 분류되는 8세와 14세, MZ세대의 극과 극을 달리는 17세와 44세, X세대 54세가 한데 어우러져 공동체를 이루고 있다. 이러한 세대 구분은 주로 상품을 판매하는 기업이나 광고업계, 마케팅업계에서 자주 사용하는 용어임에도 불구하고 그 세대를 특징하는 또 다른 이름표로 사용되어 정치, 문화, 교육, 행정 모든 부분에서 통용되고 있다고 해도 과언이 아니다. 특히 요즘은 되바라졌거나 자신만의 이익을 따지는 이기주의적 행태를 보며 '요즘 MZ세대들은!'이라며 혀를 차거나 세대 간의 편을 가르는 일들을 쉽게 볼 수 있다.

비록 존재감은 없지만 삶은 행복해

한 가정 안에서만도 이렇게 다양한 세대들이 섞여서 살고 있는데, 심지어 교회나 회사, 더 크게는 사회에서 세대들 간의 융합을 어떻게 이룰 수 있을까? 그것은 과연 가능한가?라는 질문이 나에게 있다. 이 질문에 대해 성경은 역시 답을 제시해 주고 있었다.

시대에 따른 세대의 변화

"어찌 보면 참 편하게 돼먹은 세대다. 입고 있는 옷에서부터 사고방식까지. 그런데도 그들은 답답하다 못해 딱딱하단다. 그들을 답답하게 짓누르는 것의 정체는 무엇일까? 한나절도 못 가서 끝장이 나고 마는 협소한 우리 국토일까? 기성세대의 주책일까? 사회적, 정치적인 부조리일까? 10년이 여일한 교수의 낡은 노트일까? 미래에의 불안일까? 이 몇 가지 어림짐작이 다 맞을 수도 그중 하나도 안 맞을 수도 있으리라."

작가 박완서의 『사랑을 무게로 느끼지 않게』에 나오는 한 대목이다. 1970년대에 쓰인 글인데, 50년 전인데도 지금의 기성세대가 MZ세대들을 보면서 느끼는 것들을 똑같이 느끼고 있다. 더 재미있는 사실은 1970년대에는 기성세대들로 하여금 혀를 끌끌 차게 만들었던 신세대들이 2025년 현재에는 또 다른 신세대들을 보며 우리 때는 저러지 않았는데, 애들이 왜 이렇게 예의가 없냐, 개념이 없는 줄 모르겠다라며 한탄하며 '라떼는'을 외치는 꼰대 기성세대가 된 것이다. 이렇게 세대 간의 이해 불가한 모습들은 비단 현재뿐만 아니라 저 아득한 고대 그리스를 거슬러 수메르 문화에서도 발견된다고 하니 인류의 탄생과 더불어 세대 간의 문화, 인식의 차이도 동시에 탄생했다고 봐도 무방한 듯하다. 이는 다른 말로 세대 간의 차이는 어느 시대에나 존재했다는 것이다. 그렇다면 세대 간의 차이는 왜 발생하는 것일까?

바로 시대의 변화 때문이다. 시대가 변화하면서 그 시대를 살아가는 사람들인 세대들이 각자 자신이 속한 세대의 서로 다른 역사적 사건과 과학 기술의 발전을 겪으면서 갈등과 반목이 생겨나기 시작했다. 특별히 경제 용어에서 비롯된 X, M, Z 세대라는 단어들을 정치와 문화에서도 오용하면서 뭐만 했다 하면 세대 프레임을 씌우면서 세대 간의 갈등을 더욱 조장하고 있기도 하다. 요즘 MZ 세대들 또한 기성세대들이 이해하지 못하는 그들의 행태적 문화를 보며 성찰과 반성해서 발전하려고 하기보다는 "우리는 이래요. 이런 게 우리예요."라는 식으로 사회가 그들을 그냥 받아들이라는 태도를 보이기도 한다. 딱 월급만큼만 일하겠다, 공동체의 이익보다는 자신의 이익만을 중시하는 모습, 자신의 즐거움과 자유를 수호하는 것은 당연한 것이지만 타인에 대한 예의와 존중은 경시하는

비록 존재감은 없지만 삶은 행복해

그런 모습들이 우리 기독교인 젊은이들 사이에서도 만연한 것을 보면서 과연 MZ세대라고 불리는 사람들은 무조건 이렇게 생각하고 행동해도 되는 것인가라는 의문이 든다.

'그리스도세대'가 되자

성경에서는 '세대'에 대해서 어떻게 말하고 있을까?

로마서 12장 2절 말씀에서는 '너희는 이 세대를 본받지 말고 오직 마음을 새롭게 함으로 변화를 받아 하나님의 선하시고 기뻐하시고 온전하신 뜻이 무엇인지 분별하도록 하라 '라고 말씀하고 있다. 성경은 분명히 "이 세대를 본받지 말라"라고 말하고 있다. 이 세대, 즉 이 시대를 살아가고 있는 각기 다른 세대들의 행태를 본받지 말라는 말이다. 나는 X 세대니까, 나는 MZ 세대니까, 나는 알파 세대니까 라면서 본인의 무례함과 예의 없음을, 이기주의를 합리화하지 말라는 뜻이다. "오직 마음을 새롭게 함으로 변화를 받아"라는 말의 뜻은 우리 가운데 성령의 임재하심을 구하면서 우리의 마음과 생각을 이 세대의 것이 아닌 하나님의 마음과 생각으로 새롭게 변화되라는 말이다. 이렇게 변화되어 "하나님의 선하시고 기뻐하시고 온전하신 뜻이 무엇인지 분별하도록"해야 한다. 매 순간 사람들을 대하고 판단하고 결정을 내릴 때마다 하나님의 선하시고 기뻐하시고 온전하신 뜻이 무엇인지를 성령님께 물어야 한다. 하나님의 선하시고 기뻐하시고 온전하신 뜻은 이미 성경에 쓰여 있다. 예전에는 신세대였지만 지금은 기성세대로 불리는 베이비 부머세대, X세대들도 무조건 자신들의 경험이나 지식 안에서 새로운 다음 세대들을 바라보며 판단할 것이 아니라 그들을 어떻게 하면 성경 말씀대로 인격적으로 대할 수 있는가를 생각해야 한다. MZ세대, 알파 세대들 또한 세대의 유행을 뒤쫓지 말고 다른 사람들에게 보이는 모습과 물질에 가치를 두지 말아야 한다. 성경에서는 이에 대해 '모든 것이 가하나 모든 것이 유익한 것이 아니요, 모든 것이 가하나 모든 것이 덕을 세우는 것이 아니니 누구든지 자기의 유익을 구치 말고 남의 유익을 구하라'(고전 10:23-24), '내가 주 예수 안에서 알고 확신하는 것은 무엇이든지 스스로 속된 것이 없으되 다만 속되게 여기는 그 사람에게는 속되니라'(로마서 14:14), '그런즉 너희 자유함이 약한 자들에게 거치는 것이 되지 않도록 조심하라'(고전 8:9) 등의 말씀으로 이기주의와 개인주의를 잘 분별하고 자신의 인격과 자유가 중요한 만큼 타인의 자유와 인격도 중요함을 알려주고 있다. 또, '네 이웃을 네 자신과 같이 사랑하라. 다른 계명보다 더 큰 것은 없다'(막 12:31)라는 말씀을 통해 타인을 어떻게 대해야 하는지에 대해서도 알려주고 있다.

　이런 말씀들을 실제 삶의 인간관계에서 적용하기 위해서는 자신의 감정이나 선입견, 자신의 이익을 우선으로 두지 않는 성숙함이 필요하다. 이는 갈라디아서 5장 22절-23절에 성령의 열매로 잘 나타나 있다. 우리는 이 세대를 본받지 않기 위하여 성령 충만을 구하며 하나님의 사랑과 은혜, 예수님의 자비를 반영하는 사랑, 하나님 안에서의 기쁨, 하나님으로 인한 기쁨, 하나님을 향한 기쁨인 희락, 인내와 포기하지 않는 열정인 오래 참음, 도덕적으로 선하고 타인에 대해 친절한 태도인 자비, 하나님을 닮은 선한 성품인 양선, 신뢰할 수 있는 꾸준함과 성실함인 충성, 겸손하고 온화한 성품인 온유, 자제력과 내면의 통제를 의미하는 절제가 우리의 삶에 드러나도록 해야 한다. 이것이 바로 이 세대를 본받지 않는 방법이다.

어떤 세대이든 간에 그리스도인이라면, 성령님의 인도하심을 간구하는 사람이라면 세대별 특징을 따지고 그것을 행하기 전에 '그리스도세대'가 되어 주님으로 인한 성품을 드러내야 한다. 적어도 예수님을 믿는 사람들이라면 나는 무슨 세대야 라고 주장하기 전에 그리스도세대가 되기 위해 노력해 보는 것은 어떨까 생각해 본다. 그렇게만 된다면 세대 간의 분쟁과 다툼의 크기가 조금은 줄어들 수 있지 않을까?

우리 집에 있는 대한민국의 축소판 같은 다양한 세대들이 먼저 '그리스도세대'가 되게 해 달라고 기도하며 작은 행동 하나에도 하나님을 생각해 보기를 원한다.

문학

삶의 윤활유

오늘도 나는 소설을 읽는다

나는 소설을 좋아한다. 에세이보다는 소설에 더 마음이 간다. 허구의 이야기이지만 그 안에서 생생하게 펼쳐지는 인물들의 삶이 어떤 드라마보다도 더 재미있다. 실제 나의 삶 속에서 겪는 문제들을 소설의 주인공들이 대신 겪어주면서 나에게 답을 제시해 주기도 한다. 때때로 자신이 누구인지, 무엇인지 명확하게 알지 못해서 그 답을 찾아 헤매는 소설 속의 인물들이 나 자신에게 투영되기도 한다.

비록 존재감은 없지만 삶은 행복해

한없는 실패와 낙망의 끝에서 어떻게 다시 일어서는지, 사랑의 실패와 두려움에서 어떻게 다시 새로운 사랑을 할 수 있는지, 인간으로서 겪는 근원적인 고독을 어떻게 삶의 원동력으로 승화시키는지 등을 소설을 통해 배울 수 있었다. 그래서 나는 오늘도 소설을 읽는다.

선교지에서 읽은 소설들

태국과 알바니아 두 곳의 선교지를 경험했다. 선교지로 나오기 전에는 중국에서 7년 반의 시간을 살기도 했다. 중국에서 중어중문학을 공부하면서 내가 제일 자신 있게 공부했던 과목은 세계문학과 비교문학이었다. 중문학은 아무리 머리를 싸매고 공부해도 원어민 친구들을 이길 수 없었지만 세계문학은 달랐다. 이미 한국어로도 공부할 수 있는 자료들이 많이 있었기 때문에 마음먹고 하기만 하면 잘할 수 있는 과목이었다. 대학교 공부 덕분에 『신곡』, 『사기』, 『카라마조프가의 형제들』, 『악의 꽃』, 『침묵』, 『아큐정전』, 『인생』 등을 공부하며 행복했던 기억이 남는다.

    태국에서는 아이를 낳고 키우면서 책을 읽을 시간이 거의 없었다. 그런 와중에서도 문학이 그리워서 서머싯 몸의 『달과 6펜스』, 『백 년 동안의 고독』을 읽으며 문학의 배고픔을 달랬고, 소설은 아니지만 위화의 에세이 『사람의 목소리는 빛보다 멀리 간다』를 읽으며 복음이 한 사람의 마음을 관통하기 위해 필요한 그 사람의 단어는 무엇인가에 대해서 생각하는 계기를 가졌다. 태국에서 읽은 책이 거의 없는지 생각나는 책도 몇 되지 않는다.

알바니아에 와서부터는 처음에는 새로운 언어를 배우고 환경에 적응하느라 한국어로 된 책 한 권 읽을 시간도 없었다. 코로나 시기를 거치면서 밖에서 아무것도 할 수 없게 되는 희한한 상황들이 생겨나면서 조금씩 책을 들추기 시작했다. 3년 전에 글쓰기와 독서를 본격적으로 시작해 보자는 마음을 굳힌 후부터는 많은 책 속에서도 간간이 읽는 문학이 나의 메마른 마음을 부드럽게 기경해 주고 있음을 깨닫고 있다.

그중에서도 가장 강렬한 기억으로 남아 나의 삶에 영향을 끼치고 있는 작품들이 몇 있는데 『그리스인조르바』, 『앵무새 죽이기』, 『데미안』, 『참을 수 없는 존재의 가벼움』, 『인간고독』, 『도시와 그 불확실한 벽』, 『부서진 4월』이 대표적이다. 누군가는 선교지에서 문학작품을 읽는 것이 사역에 무슨 도움이 되냐고 물을 수도 있겠다. 다른 것은 몰라도 드라마를 보는 것보다 영화를 보는 것보다 문학을 읽는 것이 공감력과 사고력을 키우는 데 더 도움이 된다고 확실하게 말할 수 있다.

찰나의 순간이 아름다운 시의 몇 행이 되도록

내가 문학을 읽는 이유는 허구의 이야기 속으로 빠져 들어가 현실을 잊고 싶어서가 아니다. 맞닥뜨려야 하는 내 현실이 고야스 씨의 말처럼 '아름다운 시의 몇 행이 된 듯한 기분'을 위해서 문학을 읽는다. 그래서 때때로 내가 좋아하는 문학 작품 읽는 일을 짧게 혹은 길게도 멈추게 하는 가족들과 외부의 요구에 짜증 내지 않고 현실로 잘 복귀할 수 있다.

오늘도 『도시와 그 불확실한 벽』의 고야스 씨가 죽은 사람이라는 또 하나의 반전이 일어난 그 중요한 때, 아이는 우유 한 컵을 달라고 했다. 하필 이런 중요한 타임에 읽기를 멈추어야 하다니….

아무도 방해하는 이 없이 책 한 번 읽어보는 게 소원이라는 생각을 하며 아이를 외면할 수 없는 엄마라는 정체성에 짧은 한숨을 쉰다. 그래도 읽기를 멈추고 사랑하는 아이에게 우유를 주기 위해 몸을 일으킨다.

먹는 일은 식탁에서만 해야 하지만, 소파에 자리를 잡고 앉아 책을 읽고 있는 엄마 곁에 있고 싶어서인지 아이는 엄마 옆에서 우유를 마시면 안 되냐고 묻는다.

아이가 원하는 대로 우유를 컵에 따라서 가져다준다.

아이의 입과 배를 채워주었으니 자신의 그림자가 없는 고야스 씨에게 다시 돌아가 볼까 마음이 급한데 아이는 또 전날 밤 딱풀로 만든 슬라임을 비닐에서 떼어 달라고 또 요청한다. 낱장의 비닐 폴더 위에서 딱딱하게 굳어진 딱풀 슬라임은 어른의 힘으로도 잘 떨어지지 않는다. 나는 푸세식 화장실 자세로 주저앉아 아이에게 엄마 손가락 살이 떨어져 나가는 것 같다고 투정을 부리면서도 최선을 다해 그것을 떼어준다. 딱풀이 녹아 굳어 있는 것을 만지는 느낌은 마치 본드를 만지는 것과 같은 느낌이다. 손가락의 살점이 떨어지지 않을까 살짝 겁도 날 정도다.

잘 떨어지지 않는 풀덩이를 뜯어내면서 예전에도 이와 비슷한 일이 있었다는 것을 상기시킨다.

『그리스인 조르바』를 읽으면서 조르바 아저씨와 한바탕 신나게 춤을 추고 있었는데 도시락을 싸야 할 현실로 돌아가는 것이 못내 아쉬웠던 순간이 있었다.

조르바 아저씨와도 고야스 씨와도 내가 원하는 만큼의 시간을 함께 할 수 없는 내 현실과 처지가 웃프기도 하다. 하지만 그들로부터 받은 삶을 대하는 자세와 그들의 이야기로부터 얻을 수 있는 깨달음이 나의 허점들을 메꿔주면서 나 자신과 타인을 향한 태도와 마음 또한 조금씩 자라감을 느낀다. 사실 반전과 열정으로 가득 찬 문학작품과 비교했을 때 실제의 삶이 얼마나 보잘것없고 아무것도 아닌 것이 되기 쉬운가. 하지만 문학작품 속 인물들의 이야기를 통

비록 존재감은 없지만 삶은 행복해

해 배우고 느끼고 깨달은 것을 현실과 현재에 적용할 때, 바로 그 아무것도 아닌 보잘것없는 순간이 아름다운 시의 한 구절이 되는 순간이 된다.

+ '비록 존재감은 없지만 삶은 행복해

박혜정 선교사

알바니아 선교사이자 GMP 개발연구위원이다.
검도를 사랑하는 남편과 개성이 뚜렷한 2남 1녀와 함께 알바니아 티라나에 살고 있다.
중국 상하이에서 중어중문학을 공부했다. 2009년 GMP 선교사로 허입되었다.
태국을 거쳐 현재 알바니아 티라나에서 한국어 교습과 집시사역, 글쓰기 사역으로 섬기고 있다.
공저로 『목회트렌드 2025』, 『목회트렌드 2024』, 『목회트렌드 2023』, 『살리는 설교』,
『다음세대 셋다운』, 『오늘도 묵묵히』, 『오늘도 삶의 노래를 쓴다』,
『누구나 갈 수 있는 아무나 갈 수 없는 중국유학』이 있다.

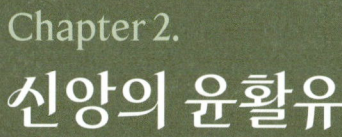

Chapter 2.
신앙의 윤활유

11 **사회적 거리 두기** _ 탈출을 위한 그들의 몸부림

12 **설레임** _ 잠자던 꿈을 깨우는 달콤함

13 **동행** _ 함께 삶을 나누는 아름다움

14 **한 영혼** _ 포기할 수 없는 애통함을 부르는 노래

15 **역지사지** _ 백전백승 할 수 있는 힘

16 **담장** _ 궁금한 그들의 세상

17 **토끼섬** _ 고난의 풍랑을 뚫고 나가야 만나는 천국

18 **관계** _ 나에게 걸려있는 그물망 속 질그릇

19 **우정** _ 삶의 한 자리를 공유하는 것

사회적 거리 두기

탈출을 위한
그들의 몸부림

갑자기 찾아온 반갑지 않은 손님

2020년 어느 날 갑자기 우리에게 찾아온 반갑지 않은 손님은 오랫동안 우리 곁을 떠나지 않았다. 세상을 흔들었던 코로나19!! 교단 선교회 신년 기도회를 마치고 월례회 일정을 의논하던 중 선배 선교사님이 요즘 코로나19 바이러스로 조심하고 있으니 우리도 모임을 잠시 중단하면 어떨까 말씀을 할 때도 우리는 코로나19를 몰랐다.

많은 이들이 아프고 이별하는 고통을 받았다. 좀처럼 떠날 생각

없이 오히려 더 강력하게 인간의 삶 속으로 파고들어 그 기세를 펼쳤다. 두려움을 낳았고 아픔과 고통을 안겨주었다. 입을 닫아야 했고 서로를 외면해야 했다. 3년이라는 긴 시간을 외롭게, 서로를 불신하고 거리를 두며 연약한 인간의 한계를 드러내게 했다. 갑자기 목숨을 잃었고 예고도 준비도 없이 가족이 떠났고 그 마지막 가는 길조차 배웅하지 못하고 가슴앓이만 해야 했던 아픔과 고통의 시간이었다. 마치 이스라엘을 보내지 않으려는 애굽 왕 바로가 하나님을 대적할 때 받았던 형벌처럼 하나님께서 세상을 향해 보내는 경고를 바라보는 시간 같았다.

우리 삶의 자리를 파고드는 코로나19에 맞서 우리는 반사적으로 모든 상황과 형편을 차단하며 자신을 지키기에 안간힘을 쏟았다. 당연히 팀의 모임은 이뤄지지 않았고 우리의 활동과 열심은 어느 순간 멈추고 말았다. 하늘 문이 닫혔고 땅도 닫혔다. 그렇게 코로나19 바이러스가 일상을 완전히 지배하게 되었다. 우리는 그 통제 속에서 움츠리며 돌파구를 찾지도 못한 채 '백신'만을 의지하며 3년의 시간을 보냈다.

지켜야 할 약속

코로나19는 우리에게 무언의 약속을 만들어내고 반드시 지킬 수밖에 없도록 우리를 짓눌렀다. 어쩌면 새로운 신종어가 되어버린 "사회적 거리두기"를 우리 삶에 적용하도록 했다. 캄보디아에 코로나19가 가장 기승을 부리며 환자들이 사망하기 시작했던 2021년 나는 캄보디아 한인 선교사회 여부회장으로 섬기게 되었다. 캄보디아에서도 모든 것이 통제되며 락다운이 되고 지역간 이동이 제한되었던 시기였다. 코로나 감염된 것을 모른 채 아파하는 회원 선교사를 돌보다가 감염이 되어 임원들도 불안과 공포로 떨어야 했던 시간이었다. 마침내 우리도 사회적 거리두기를 외치기 시작했다. 서로의 동선을 확인하고 사회적 거리두기를 지키지 않았다고 비난을 쏟아내기 시작했다. 주변 사람 중 누군가 코로나 확진이 되면 그 모든 동선을 다 공개하도록 했다. 마치 약속이라도 한 듯 교민 카톡에 올리게 했고 사회적 거리두기를 실천하지 않았다고 오히려 그 아픈 이웃을 비난하고 질책했다. 이렇게 사회적 거리두기는 우리의 삶을 통제하며 비난과 책임을 요구하며 서로의 마음을 다치고 상하게 하는 강력한 힘으로 그 좁은 교민 사회를 다스렸다. 캄보디아는 코로나 감염이 되면 마땅히 치료 받을 수 있는 병원이 없었기에 더욱 그랬던 것 같다.

교회는 예배를 드릴 수 없었고 학교에서는 공부할 수 없었다. 시골 지방에서 학교 사역을 하는 우리는 인터넷 상황, 장비 부족으로 온라인 수업을 할 수 없었다. 그래서 학교를 폐쇄하고 학생과 교사

모두를 집으로 돌려보냈다. 하루아침에 사역의 문이 닫히고 교사들은 일자리를 잃게 되었다.

그렇게 사회적 거리두기는 우리 생활 가운데 반드시 지켜야 할 약속으로 자리 잡게 되었다. 또한 마스크를 끼고 말 문을 닫아야만 살 수 있었다. 3년이라는 시간을 그렇게 살다 보니 어느새 사회적 거리 두기는 우리에게 너무도 당연하고 익숙한 단어가 되어 버린 것 같다. 마치 내 삶의 공간에 아무도 침투하지 못하게 막고 내 입술의 말은 아무도 듣지 못하도록 마스크로 덮어 버렸다. 사회적 거리두기는 우리 마음의 거리두기가 되어버린 것이다. 코로나19가 계속 그 세력을 키우며 신종 변이 바이러스가 나올 때 우리는 매일 보건소 앞에 진을 치고 백신을 맞을 수 있는 날을 기다렸다. 캄보디아는 중국, 호주, 일본 등에서 잔여 백신을 후원해 주면 공급이 되는 상황이었기에 우리는 백신을 기다리느라 거의 매일 보건소를 찾았고 결국 주캄한인회에서 백신을 확보해서 교민들이 맞을 수 있도록 했다. 그렇게 우리는 중국 백신을 2차까지 맞게 되었다. 중국 백신을 맞은 후 교민들은 항체 검사를 해 보는 것이 유행처럼 되어 우리 부부도 항체 검사를 했다. 2차 접종까지 완료했으니 당연히 항체가 생겼겠지 믿었는데 결과는 두 사람 모두 항체가 없었다. 코로나 발생 후 사역지를 떠나지 못하고 지키고 있던 우리는 결국 2년 반이 지난 후 접종을 위해 한국행을 결정했다. 한국에 도착했을 때 사회적 거리두기가 너무도 철저하게 시행되고 있었다. 누구도 만날 수 없었고 너무도 그리웠던 교회 방문은 꿈꿀 수도 없었다. 사람들은 서로를 외면하며 그냥 작은 스마트폰 속에 펼쳐진 세상 속으로만 빨려 들어가며 살아가는 유령 도시 같았다. 사회적 거리 유지라는 아름다운 포장으로 사람과 사람을 갈라놓고 대화와 소통을 막아버렸다.

다시 세상 속으로

코로나가 종식되고 새로운 평화가 우리를 찾아왔다. 학생들이 학교로 돌아왔고 교회도 점점 사람들로 붐비기 시작했다. 그런데 학교로 돌아온 학생들을 보니 유치원, 초등학교 1학년 정도의 학생들에게 발견된 현상들이 있다. 3년이라는 세월을 코로나에 갇혀 살던 아이들의 마음은 닫혀 있었다. 마스크로 막아버린 입은 아이들의 말문을 막아버렸다. 세상에 태어나자마자 맞게 된 코로나19가 지배하는 세상에 살게 된 아이들은 많이 아팠다. 자폐를 앓고 있는 아이들, 입 밖으로 말을 쏟아내지 못하고 입술만 꿈틀꿈틀 하는 아이들, 친구들과 어울리지 못하고 혼자서 놀이터만 신나게 날아 다니는 아이들이 우리 학교로 몰려왔다. 특히 4살 유치원 아이들이 더욱 심한 증세를 보였다. 사회적 거리두기는 우리 아이들의 자유로운 세상을 빼앗고 그 작은 아이들의 마음이 병들게 한 것이다.

　이런 상황을 처음 맞는 우리 선생님들은 당황했지만, 최선을 다해서 그 아이들을 돌보며 세상 속으로 나올 수 있도록 도와주고 있다. 그런 학생은 다른 학교에서는 받아주지 않으니 우리 학교로 더 많이 몰려오기도 한다. 수업이 끝난 후 교사들 간의 대화를 들어보면 재미있기도 하고 마음이 아프기도 했다. 늘 그 반에서 문제가 되었던 학생들 얘기다. 그 아이들 대부분은 아픈 아이들이었다. 학교가 재개학을 하고 1년 반이 지났다. 여전히 우리 학교에는 자폐를 앓고 있는 친구들이 많이 있다. 선생님과 눈을 맞추지 못하고 말을 쏟아내지 못하지만 매일 학교를 오면서 탈출을 꿈꾸는 친구가 있다. 큰 가방을 메고 교실로 들어가지 않고 수업이 끝날 때까지 놀이터 미끄럼틀만 오르락내리락 하던 친구가 이제는 교실에서 얌전히 앉아서 수업을 듣는다. 조금씩 변화가 아니 나아지고 있는 중이다.

　나는 결코 포기할 수 없는 소중한 그 아이들의 삶을 위해 오늘도 기도한다. 언젠가 날개짓을 하며 날아오를 그 아이들의 내일을 기대하며 그 아이들을 꼭 안아준다.

　"얘들아~~ 우리 세상에서 안정 찾기를 해 보자 그래서 너희들이 사는 세상에는 사회적 거리두기라는 이 거추장스러운 말은 잊어버리고 너희들이 행복하게 넘나들 수 있는 아름다운 자유와 평화가 가득한 나라를 꿈꿔보도록 하자. 언제나 사회적 거리두기를 탈출하는 너희들의 몸부림을 늘 지지해!!"

두려워하지 말라 내가 너와 함께 함이라 놀라지 말라 나는 네 하나님이 됨이라. 내가 너를 굳세게 하리라 참으로 너를 도와 주리라 참으로 나의 의로운 오른손으로 너를 붙들리라.

이사야 41:10

설레임

잠자던 꿈을
깨우는 달콤함

설레임

양치질을 하고 나오는 나에게 남편은 차가운 아이스크림 봉지를 들이민다. 몇 주째 냉동실에 방치된 채 나의 손길을 기다리고 있던 설레임이다. 막 양치질을 하고 나오는 터라 내일 먹겠다고 벅벅 우기니 할 수 없이 남편은 다시 냉동실로 밀어 넣는다.

    일년내 더운 캄보디아에 살다 보니 사역 마치고 집으로 돌아와서 시원한 아이스크림을 물고 선풍기 바람을 맞고 앉아 있으면 하루의 피로가 풀린다. 그래서 나는 가끔 한국마트를 가면 한국 아이스크림을 사 먹는 호사를 누린다. '설레임'은 내가 즐겨 먹는 아이스크림이다. 특별히 맛있다기보다 서서히 얼음을 녹이며 오랫동안 그 시원함을 느끼며 깔끔하게 먹을 수 있기에 좋아한다. 남편이 건넸던 설레임은 한 달쯤 전에 샀지만 한 달째 나를 괴롭히고 있는 감기 때문에 먹지 못하고 방치하고 있던 것이다.

냉동실로 들어간 설레임은 불현듯 내 인생에서 가슴 설레며 두근거렸던 설레임의 순간을 생각나게 한다.

부산 나들이

내 인생 최초의 설레임은 어렴풋한 기억이지만 6살 때 아버지와 큰아버지 손에 이끌리어 부산으로 향하는 버스에 몸을 실었을 때였다. 아버지는 초등학교 졸업한 후 중학교 진학을 포기하고 부모님의 무거운 어깨의 짐을 나누기 위해 부산행을 택한 큰딸을 만나러 갔던 것이다. 큰언니는 딸 8명 중 장녀다. 그 책임감과 중압감은 평생 언니의 어깨를 짓눌렀을 것이다. 언니는 신발 공장을 다니며 사촌언니와 함께 자취를 했다.

6살 인생에 처음 겪는 일들이 일어났다. 아버지와 큰아버지의 여행길에 나를 끼워 주신 것도, 버스를 타고 도시로 가는 것도, 보고 싶은 큰언니를 만나러 가는 것도, 해운대 바닷가에서 사진을 찍었던 것도, 빨간 곰보 구두를 얻어 신은 것도, 내 몸에 꼭 맞는 정장으로 새 옷을 사 입은 것도 내가 기억하는 가장 행복하고 가슴 뛰었던 최초의 순간이었다. 아~ 또 어떤 즐거움이 나를 기다리고 있을까 하루종일 기대와 설레임으로 가득했던 시간이었다. 멀리 돛단배가 떠 있던 해운대 바다 바람을 타고 첨벙첨벙 물 위를 뛰어다니며 놀던 6살 남숙이를 50살이 넘은 남숙이는 잊지 못한다. 생각만으로도 어느새 잔잔한 미소가 묻어나고 아련한 그리움과 따스함으로 또 한 번의 설레임을 만들어내고 있다.

음악 선생님

고등학교 입학식을 하던 날 나는 학교에 가고 싶지 않았다. 내가 가고 싶은 학교가 아니었기 때문이다. 상업학교를 다녀야 하는 것이 싫었다. 졸업하면 취직을 하고 직장을 다녀야 한다는 것이 싫었다. 그때는 인문계 고등학교를 다녀야만 대학을 갈 수 있다고 생각했기 때문이다. 중학교 때까지 나는 공부를 곧잘 했다. 나보다 공부도 못하는 친구들이 인문계를 가는데 나는 상업학교를 가는 것이 자존심 상했고 받아들이기 싫었다. 사실 우리 집 형편에 내가 고등학교 진학을 하는 것만으로 부모님의 어깨 위에 더 큰 짐 덩어리를 올려드리는 것이었다.

　입학식이 시작되었다. 반이 배정되고 낯선 친구들과 줄을 서서 나의 입학식을 관람했다. 애국가 제창과 교가 제창이 이어졌다. 나는 적당히 긴 머리카락을 찰랑이면서 단상에서 지휘하고 계신 음악 선생님께 시선이 꽂히고 말았다.

　'음악 선생님', 특별히 잘 생기지도 않았고 마음이 좋지도 않았다. 총각 선생님도 아니었다. 그런데 나에겐 그 모든 것이 중요하지 않았다. 그냥 노래가 좋고 음악이 좋았던 나에게 그저 시작된 음악 선생님께 향한 나만의 설레임이었다. 학교 가는 언덕길에서 출근하는 선생님을 만날 수 있을까! 운동장에서 선생님을 만날 수 있을까! 학교 가는 발걸음이 두근거렸다. 가끔 선생님 댁으로 놀러 갔을 때 사모님께서 차려 주신 예쁜 다과상에 나의 설레임은 춤을 추고 있었다. 음악실 건물에서 교무실까지는 개나리 고개로 불리는 언덕길 운동장을 지나야 한다. 행여 음악 선생님이 지나가기라도 하면 친구들은 "남숙아~~선생님!"을 외친다. 멀리서 지나가는 선생님을 바라보는 나의 설레임은 쿵쾅쿵쾅 요동을 쳤다. 교회 집사였던 음악 선생님 덕분에 교회를 가게 되었고 예수님을 만났다. 상업학교 진학을 죽도록 싫어했던 나에게 음악 선생님은 나의 여고 3년간의 설레임이었다.

하나님의 선물 캄보디아

캄보디아를 내 품에 쏙 넣어 주신 하나님의 계획하심은 나의 설레임에 정점을 찍는다. 1999년 1월 캄보디아를 향하는 비행기에 몸을 실었다. 내 생애 첫 단기 선교를 캄보디아로 오게 된 것이다. 캄보디아는 어디에 있는 나라일까? 내가 가면 어떤 사람을 만나게 될까? 나는 어떤 말을 해야 할까? 영어도, 캄보디아 말 한마디도 못하는데 어떻게 할까? 머릿속은 온통 나를 긴장하게 했고 나의 설레임은 더욱 요동치기 시작했다. 프놈펜 공항에 도착하니 그 뜨거운 열기가 온몸으로 전달되었다. 활주로에 내려 가방을 끌고 한참을 걸어서 공항 안으로 들어왔다. 처음 만난 경찰관 아저씨는 얼굴이 새까맣고 긴장된 표정으로 자랑이라도 하듯 긴 총을 끼고 우리를 쳐다보고 있었다. 잠시 나의 설레임이 꼬리를 내리는 순간이었다. 그렇게 내 여권에 처음으로 캄보디아 비자에 크고 동그란 파란 도장이 찍히는 날이다. 나는 그 여권을 지금도 보관하고 있다. 하나님께서 주신 선물 캄보디아를 계속해서 나의 삶과 기도 가운데 설레임으로 간직하고 싶기 때문이다.

글 쓰는 사람들

오랫동안 마음속에서 해갈되지 못했던 갈증을 이제야 풀게 되었다.

바로 '글 쓰는 사람들' 덕이다. 내가 마치 작가가 된 것처럼 요즘 글 쓰는 재미에 푹 빠졌다. 사역에 지치고 메말라버린 나의 생각과 감정에 새롭게 피어나는 설레임이다. 하루 종일 머릿속에서 수백, 수천의 단어들이 춤추고 있다. 바쁜 사역 속에서 시간을 쪼갠다. 마음속에 품고 풀어내지 못했던 작은 소망 한 가지를 쏟아 내고 있는 중이다.

어릴 때부터 말보다 글이 더 편했다. 초,중,고 학교를 다닐 때는 글쓰기, 문예반, 백일장 늘 글을 쓰는 자리에 있었다. 백일장에서 상도 많이 받았다. 시화전에 출품하고 전시회도 했었다. 대학도 국어국문학과를 졸업했다. 언젠가 시인이 되어있지는 않을까 기대했던 때도 있었다. 신달자 시인을 좋아했다. 시인을 만나고 싶어 시문학회에 찾아갔던 적도 있었다. 그런데 나의 글쓰기는 예수님을 만나게 되면서 조용히 막을 내렸던 것 같다. 세상 것과 단절을 해야 한다고 생각했기 때문이다. 세상 노래와 음악, 세상 문학은 내가 추구해야 할 것이 아니다. 나는 그렇게 생각했다. 내가 추구하는 것은 거룩한 그리스도인의 삶이라는 이름으로 자연스럽게 그전에 좋아했던 모든 것을 내려놓게 되었다. 그리고 선교사가 되었다. 선교지에서 글쓰기는 기도 편지를 쓰는 것이 전부였다.

선교사로 몇 년이 지난 어느 날 나는 너무 말라버린 나를 보게 되었다. 살기 위해 뭔가를 해야 할 것 같았다. 그때부터 간간이 주님을 찬양하는 글을 쓰기 시작했다. 아무도 봐주지 않아도 주님께 고백하는 내 마음의 노래를 하나둘 저장하기 시작했다. 그렇게 나는 숨 쉬고 싶었고 메말라 버린 감정을 깨우고 싶었다. 때마침 만난 글 쓰는 사람들은 이제 나의 설레임이 되었다. 냉동실에 방치되어 나의 손길을 기다리던 나의 달콤한 설레임은 메마른 대지에 쏟아지는 소나기처럼 잠자던 나의 꿈을 깨워 주었다.

여호와를 기뻐하라 그가 네 마음의 소원을 네게 이루어주시리라.

시편 37:4

동행

함께 삶을
나누는 아름다움

20년의 동행

2023년 10월 캄보디아 선교사 파송 20년을 맞아 파송교회에서 20주년 기념패를 마련해 주었다.

고등학교를 졸업하고 언니들이 있는 부산으로 정착을 위해 떠났다. 고향을 떠날 때 가장 큰 걱정은 모교회를 떠나는 일이었다. 고향을 떠나야 할 상황이 될 때 마침 부산에서 사역하다 오신 부목사님께 내가 가게 될 사상 지역에 교회를 소개해 달라고 부탁을 드렸다.

그리고 한남교회를 소개받았다. 부산 도착 후 제일 먼저 언니들을 졸라서 한남교회 데려다 달라고 했다. 주일 아침 넷째 언니가 "한남교회는 좀 멀고 집 가까운 곳에 사상 교회가 있으니 데려다 줄게." 하며 함께 집을 나섰다. 3층 집 계단을 내려와 도로를 따라 올라오니 건너편 세탁소 여사장님과 묵묵히 엄마를 따르는 내 또래 아들이 다리를 건너오고 있다. 언니는 가던 길을 멈추고 인사를 나눈다.

"동생이 한남교회 간다고 하는데 좀 멀어서 가까운 사상 교회로 가려고 나왔어요."

그때 깜짝 놀란 세탁소 여사장님이 손바닥으로 무릎을 친다.

"내가 한남교회 집사에요. 우리랑 같이 가면 되겠네요."

그 길로 언니는 나를 박집사님께 맡기고 집으로 돌아갔다. 그렇게 나는 한남교회 성도가 되었다. 박집사님과 나란히 교회를 가던 아들은 지금 목사가 된 내 친구 동훈이다. 한남교회 성도로 14년을 교사와 찬양대원으로 섬기다 선교사로 파송을 받았다.

어느덧 20년의 긴 세월을 나는 한남교회 파송 선교사로 사역하고 있다. 수많은 사연과 우여곡절 이야기들이 있지만 여전히 20년을 하나님 나라 확장을 위하여 동행하며 살고 있었다는 것은 너무도 큰 기쁨이며 영광이다.

작년 11월 개인적으로는 교회 선배요 언니 오빠로 함께 교회를 섬겼던 장로님 권사님 부부가 직접 캄보디아로 기념패 전달을 위해

비록 존재감은 없지만 삶은 행복해

기꺼이 와 주셨다. 큰 기쁨을 누리는 일에 기꺼이 동행해 준 장로님과 권사님은 나의 행복을 한층 더 누릴 수 있도록 해 주셨다. 교회에서 제자들이 보는 앞에서 기념패를 받게 되었고 함께 전달된 위로금도 20년간의 나의 모든 사역을 바라보시는 하나님께서 주시는 훈장을 받는 것 같았다. 기뻤다. 복음을 전하는 선교사로 지금도 이 땅 캄보디아에서 살아가고 있다는 것이 감사하고 자랑스러웠다.

깜뽕싸옴 가는 길

장로님 권사님을 모시고 좀 의미 있는 곳을 가고 싶었다. 마침 캄보디아 1호 고속도로가 개통된 지 1년여 지났기에 우리는 고속도로를 달려 보고 싶었다. 캄보디아 1호 고속도로 그 끝에는 깜뽕싸옴(시아누크빌)이 있다. 캄보디아 최고의 해안 도시요 아름다운 해변과 섬들이 펼쳐진 휴양도시다. 고속도로가 생기기 전에는 4번 국도를 타고 5시간을 달려야 갈 수 있었지만 이제 2시간 반이면 충분하다. 우리는 고속도로를 타고 깜뽕싸옴을 가기로 했다. 장로님 권사님도 처음 가는 깜뽕싸옴이 궁금하셨는지 어느새 인터넷 검색을 하고 계셨다. 깜뽕싸옴은 정말 아름다운 해안도시다. 최근 중국의 난개발로 황폐하고 흉물스럽게 변해버려 안타까움의 대명사가 되어버린 도시다.

부산에서 캄보디아 선교사로 삶의 자리를 옮겨왔을 때 하루하루 긴장 속에서 정신없는 정착기를 지나니 조금씩 부모님, 가족이 보고 싶고 고국이 그리워지기 시작했다. 어떻게 할 수도 없는 그리움이 몰려올 때 시원한 바닷바람이라도 맞으면 좀 나을 것 같은 생각이 들어 무작정 버스를 타고 깜뽕싸옴을 향했던 경험이 있다. 그 뜨거웠던 햇빛을 맞으며 걸었던 해변의 찝찌름한 바닷바람이 나를 숨 쉬게 했다. 그 후로 쉼이 필요하고 힘을 얻고 싶을 때 나는 그 먼 길을 운전해 깜뽕싸옴을 찾았다. 늘 혼자 그 길을 달렸다.

4명이 고속도로를 달릴 때 나는 새삼 스치는 옛 추억의 장면들을 피할 수가 없었다.

혼자 지루한 5시간을 고독과 외로움 그리고 졸음과의 싸움을 견디며 갔던 깜뽕싸옴, 2015년 결혼 후 신혼여행으로 갔다. 12년을 나 혼자 달리던 길을 남편이 동행하며 우리의 길이 되었다. 이제는 곳곳이 깨지고 부서진 아스팔트 위를 5시간을 달려도 외롭지도 졸리지도 않는 행복한 여행길이 되었다.

마침내 깜뽕싸옴 가는 길이 펑 뚫리며 아름다운 산과 하늘의 풍경까지 맘껏 누릴 수 있는 고속도로가 생겼다. 나의 행복을 가득 채우고 달리는 카니발 속에는 4명의 삶을 풀어내는 동행이 되었다. 간간이 쏟아지며 우리의 가는 길을 씻어주던 소나기는 잿빛 하늘 속 묻혀버린 하얀 구름 이야기를 전했고, 높디높았던 저 멀리 산봉 우리는 어느새 달려와 어깨를 나누는 길동무가 되어준다.

이제 깜뽕싸옴 가는 길은 나의 길이 아니라 우리 길이 되었다.

아름다운 동행

한국에서 본 교회 이름이 "아름다운 동행 교회"가 있었다. 그 이름을 본 순간 나는 '주님과 함께 그리고 사람과 함께가 가능할까?' 라고 생각했던 적이 있다.

20년을 선교사로 살고 있다. 한남교회 파송을 받아 20년을 함께 하고 있다. 내가 불가능할 것 같이 생각했던 아름다운 동행은 이미 내 삶 가운데 있었다. 20년을 한결같이 나를 지지하며 함께 해 준 파송 교회, 성도들과 동행은 무엇과도 바꿀 수 없는 아름다운 동행이다.

45살 노처녀가 50살 노총각을 만나 결혼하고 그 남편을 캄보디아로 보내주어 한 곳을 바라보며 걷는 인생의 동반자로 동행하게 하신 것, 무엇보다 내 삶의 모든 순간, 모든 사역 현장 속에 늘 동행하신 하나님의 동행은 20년을 캄보디아에서 선교사로 살아가는 내 인생의 가장 아름다운 동행임을 고백한다.

코로나 시기 운동을 할 수가 없어 동네를 돌며 만 보 걷기를 했다. 그 후로 나는 매일 밤 만보 걷기를 위해 현관을 나선다. 그때마다 남편은 어디선가 달려 나올지 모르는 개를 막기 위한 기다란 대나무 막대기를 들고 슬며시 나를 따른다. 붉은 보름달이 세상 어둠을 밝히며 발길을 이끄는 오늘 밤 남편은 여전히 말없이 대나무 막대기를 들고 내 옆을 지킨다. 하나님의 숨결은 여전히 나를 감싸며 아름다운 동행을 이어가고 있다.

> 내가 네게 허락한 것을 다 이루기까지 너를 떠나지 아니하리라.
>
> 창세기 28:15

한 영혼
포기할 수 없는
애통함을 부르는 노래

월요일 아침은 늘 피곤으로 지친 상태로 하루를 시작한다. 오늘은 새벽부터 나를 깨우고 포기할 수 없는 한 영혼을 위한 애통함의 노래를 계속해서 부르게 하신다.

어제는 결혼하고 교회를 떠난 '쓰라이 놈' 가정을 돌보도록 하시는 성령의 음성을 놓칠 수가 없었다. 그래서 주일 예배 후 교사들과 먼저 쓰라이 놈 가정 심방을 한 후, 각각 맡은 오후 사역지로 향하게 되었다.

여섯 자매 이야기

'쁘로핵' 친인척들이 모여서 한 마을을 이루고 있는 전형적인 캄보디아 시골 마을이다. 2006년 첫 교회 개척을 쁘로핵 마을에서 했다. 작은 마을이었지만 매주 150여명의 아이들이 모여 예배를 드렸다. 사역 초기라 그랬을까 아이들이 비슷하게 닮았고 누가 누군지 구분하기 어려웠는데 유독 눈에 띄는 아이들이 나란히 앉아 있었다. 까무잡잡한 피부에 동그란 눈동자가 반짝이며 한 줄로 나란히 5명의 여자 아이들이 앉아서 예배를 드렸다. 5명은 모두 한 자매다. 그 엄마 나이가 나랑 동갑이라 나는 그 아이들이 내 딸 같았다. 교회가 시작된 지 2년쯤에 그 집에 또 한 명의 딸이 태어나 딸 6명이 되었다. 앉지도 못하는 막내를 안고 6명이 한 줄로 앉아서 주일 예배를 드리며 예쁘게 신앙을 키웠고 자랐다. 6명 모두 내 딸같이 이뻐하며 물심양면으로 학업을 돕고 지원을 했다. 쓰라이 놉은 그 중에 둘째 딸이다. 세례를 받고 주일 학교 교사로 교회를 섬기며 헌신적으로 봉사했다.

요즘은 결혼 문화가 조금씩 변하고 있지만, 사역 초 캄보디아는 조혼 풍습이 심했다. 여자들이 10대 중반이 되면 부모들은 적당한 신랑감을 찾아서 결혼을 시킨다. 그렇게 첫째 딸 '짠다'는 중학교를 졸업하고 일찍 결혼했다. 결혼을 하니 믿지 않는 신랑을 따라 교회를 떠나고 말았다.

비록 존재감은 없지만 삶은 행복해

나머지 5명의 자매들은 교회에 충성스러운 일꾼으로 주일 찬양팀, 반주자, 교사로 각각의 분량을 다하며 교회를 섬겼다. 고등학교를 졸업한 셋째 '껌맹'이 교회에 기웃거리던 '쎄이하'와 연애를 시작했다. 2년여간의 연애 끝에 결혼을 했다. 결혼식은 교회에서 하도록 권했지만 믿지 않는 부모와 가족들 때문에 안된다고 해서 결혼식 1주일 전에 교회에서 성도들과 신부 부모님을 모시고 결혼 예배를 드렸다. 하나님께서 만들어주신 가정의 소중함을 알게 하고 싶었다. 그날 이후로 신랑 쎄이하는 교회를 나오지 않았다. 껌맹은 임신을 하고 아들을 낳기 전까지 학교 교사로 근무를 하며 교회 반주자로 교회를 섬겼다. 배가 만삭이 되어도 교회를 섬기며 주일 성수를 했던 껌맹은 아들 데이빗이 태어나니 또 신앙을 지키지 못하고 교회를 떠나고 말았다.

'쓰라이 놈'을 처음 만났을 때 8살이었고 그때부터 예수님을 믿는 믿음으로 잘 성장했고 교회에서도 귀한 일군이었다. 고등학교 졸업 후 근처 공장에 취직해서 성실하게 직장을 잘 다녔다. 직장에서도 인정을 받아 공장 근로자에서 사무직으로 승진을 하게 되었다. 어느 날부터 회사에 함께 근무하던 '낌싼'이 가끔씩 교회 방문을 했다. 또 믿지 않는 형제를 사귀는 것이 걱정되어 몇 번을 물어봐도 사귀는 사이가 아니라고 했다. 그렇게 1년여 시간이 지난 어느 날 갑자기 약혼을 했다. 우리 부부는 너무 당황스러웠지만 캄보디아 문화려니, 이 아이들의 정서려니 이해하려고 했다. 약혼식이 끝나고 낌싼을 교회로 여러 번 초청했지만, 그 선한 얼굴로 활짝 웃으며 "예" 대답만 한다. 코로나가 끝나고 쓰라이 놈은 결혼을 했다. 결혼식을 하는 중간 잠시 쉬는 틈을 타서 우리는 결혼 예배를 드리며 하나님 자녀의 결혼임을 선포했다. 결혼 후 쓰라이 놈은 시집에서 살게 되었다. 시집에서는 캄보디아 국민 대부분이 타고 다니는 교통수단인 오토바이를 못 타게 한다. 교통사고가 날 것이라는 이유 때문이었다. 그렇게 발이 묶인 쓰라이 놈은 임신하고 아기를 낳을 때까지 교회를 3번밖에 나오지 못했다. 예쁜 딸이 태어났지만 여전히 쓰라이 놈은 교회로 돌아올 생각을 못한다.

이렇게 3명의 자매들이 나란히 결혼과 동시에 충성스럽게 섬기고 봉사했던 교회를 떠나 아직 돌아오지 못하고 있다. 나는 그 아이들이 예수님을 믿는 믿음으로 신앙 생활을 했고 교회에 헌신하며 충성했다고 생각한다. 지난 주에는 둘째 껌맹을 만나서 물어보았다.

"너 예수님을 잊었니? 예수님을 버렸어? 교회로 돌아오지 않을 거니?"

"아니요. 예수님을 버린 게 아니에요. 언젠가 제가 교회에서 보이면 그때 돌아간 거에요."

나는 도대체 이해할 수 없는 대답을 하는 껌맹 엉덩이를 때려줬다.

어제 쓰라이 놈 가정 심방을 위해 그 집으로 들어서는 나는 마음이 너무도 아팠다. 시부모님과 시누이부부, 이모가정, 할아버지까지 다 같이 살고 있는 집안 방문이 열려 있었다. 방안 가득 우상단지, 과일과 음식으로 차려진 재물, 벽을 가득 채우고 있는 불상과 이상한 그림들, 집안으로 들어가는 방문, 곳곳에 이상한 그림들이 붙어 있었다.

이런 곳에서 이 아이가 살아남는 것은 불가능하겠구나. 전에도 몇 차례 심방을 했지만 그때는 방안을 볼 수가 없었다. 우리가 찾아가도 쓰라이 놈의 얼굴에는 웃음이 없었고 반가움이 없었다. 늘 분주하게 자기 일을 하며 예수님께 향하는 마음을 막고 있었다. 마치 예수님을 만나고도 자기 일에 빠져있던 '마르다'를 보는 것 같았다. 나는 그 원인을 어제 보았다.

나는 무겁고 아픈 마음을 안고 그 아이를 위해 기도했다. 쓰라이 놈과 낌싼의 어깨에 손을 얹고 함께 한 제자들과 마음을 모아서 기도했다.

"오직 예수님의 보혈만이 이 아이를 살릴 수 있습니다. 사단의 권세에 눌려 호흡하지 못하는 이 영혼을 살리고 일으키고 생명을 줄 수 있는 분이 오직 예수님 주님밖에 없습니다. 주님의 보혈로 이 아이를 덮어주시고 살려주십시오. 성령님, 이 아이를 보호하시고 주님 손을 잡을 수 있도록 회복시켜 주십시오."

마음속으로 흐르는 눈물을 삼키며 기도했다.

'나는 영혼을 사랑하지 못했다.'

주일 예배 후 나는 성도들 앞에 고백하며 회개했다.

"이번 한 주간 하나님께서 계속해서 영혼을 사랑하라는 말씀을 주셨다. 나는 늘 너희들을 사랑한다고 고백했지만, 너희 한 영혼을 사랑하지 못했다. 영혼을 사랑하지 못했기 때문에 가족을 전도하지 못했고 떠나는 그 영혼들을 찾지 못했고 전하지 못했다. 천국을 가야 하는 그 영혼들을 위해 눈물 흘리지 못했다."

"우리 쓰라이 놈을 위해 같이 기도하자."

마음이 찢어질 듯 아파왔다.

'어둠의 세력 앞에 허덕이고 있는 이 아이를 방치하고 있었구나!!' 주님 앞에 회개하며 나의 간절함과 애통함을 쏟아냈다.

"잃어버린 한 영혼 찾아서 헤매이신 예수님 그 영혼 찾은 기쁨을 감추지 못해 친히 안고 오신 예수님 우리 쓰라이 놈을 버려두지 마시고 안고 돌아와 주세요."

너희 중에 어떤 사람이 양 백 마리가 있는데 그 중의 하나를 잃으면 아흔아홉 마리를 들에 두고 그 잃은 것을 찾아내기까지 찾아다니지 아니하겠느냐 또 찾아낸즉 즐거워 어깨에 메고

누가복음 15:4~5

역지사지

백전백승
할수 있는 힘

삶이 그대를 속일지라도 슬퍼하거나 노여워하지 말라.
슬픈 날을 참고 견디면 기쁨의 날 찾아오리라
마음은 미래에 살고 현재는 언제나 슬픈 것
모든 것이 순간이고 모든 것이 지나가리니
지나간 모든 것은 아름다우리.

학창시절 즐겨 읽었던 시 중 러시아 시인 '푸쉬킨'의 유명한 시가 생각이 난다. 나는 이 시를 좋아했지만 도대체 이해할 수 없는 시였다.

머릿속에서 이해되지 않았던 첫 구절 그런데 나는 이제야 그 첫 구절이 조금씩 이해가 되어가고 있다. 아마도 이 시를 이해하기 위해서는 50년이라는 삶의 연륜이 필요했던 것 같다. 아니 아직도 나는 다 이해하지는 못한다. 이 시를 완벽하게 이해하고 공감하려면 어쩌면 평생이라는 시간이 필요할지도 모르겠다.

요즘 삶이 나를 속이고 있는 듯하다. 어제도 남편은 화가 났다. 성경 세미나를 통해 은혜를 받은 지 하루가 채 지나지 않았는데 분노를 참지 못하고 폭발해 버렸다. 우리 부부는 최근 부쩍 의견 대립과 갈등으로 다툼이 잦았다. 정말 사소한 문제가 늘 도화선이 되어 우리 부부의 마음을 갈라놓는다. 계속해서 우리 부부는 속고 있는 것 같다. 손가락 통증으로 치료를 받고 있는 나는 병원에 다녀온 후 합창단 연습 날이라 교회에도 갈 수 없었다. 그래서 남편은 혼자 오토바이를 타고 교회 사역을 다녀왔다. 교회와 학교가 한 공간에 있으니 늘 운동장이 좁은 듯하다. 우리는 학생들이 마음껏~~ 공을 찰 수 있는 공간을 만들어 주고 싶은 마음에 또 공사를 시작했다. 12년 전 만든 농구장이 센터 건축으로 줄어들어서 그저 주차장으로만 사용하고 있다. 그래서 그곳에 인조 잔디를 깔고 공을 찰 수 있도록 하려고 시작한 공사가 커지고 말았다. 아예 놀이터를 옮기고 그 공간을 돌을 채워 매립하고 넓혀 미니 운동장을 만들게 되었다. 놀이터를 옮길 공간은 화단이 있는 벽쪽이다. 몇 년을 정성을 쏟아 키운 꽃나무와 코코넛 나무를 캐고 그 자리에 놀이터를 만들고 있다.

나는 최대한 나무를 살리고 싶었다. 그런데 남편은 놀이터하고 전혀 상관도 없는 코코넛 나무까지 캐라고 한다. 열매를 맺지 않는다는 것이다. 아마 어제는 혼자 사역을 가서 공사를 둘러보다 제자한테 코코넛 나무를 당장 캐 없애라고 했던 것 같다. 저녁에 돌아와서 내가 제자와 통화하며 공사 진행 상황 이야기를 하는데 별안간 옆에서 나무를 캐지 않았다고 소리를 친다. 영문도 모르고 전화를 끊고 상황 파악을 했을 때 이미 남편은 화가 치밀어 있었다.

"왜 나무를 캐지 않았는지 이제 알겠네. 또 내 말을 안 듣고 자기 말만 듣고 나를 무시하네…."

물론 나는 나무를 캐내는 것에 반대한다. 그렇지만 어제는 남편이 제자한테 나무를 캐내라고 한 사실은 전혀 알지를 못했다. 그저 남편은 제자들이 자신을 무시하고 늘 내 말만 듣는다고 생각을 한다. 9년이 되었는데도 그렇다고 생각하는 것이 나를 힘들게 한다. 우리는 해결해야 했다. 이 부분에서는 대화가 되지 않는다. 내가 그렇지 않다고 하는 것은 남편에겐 변명일 뿐이다.

역지사지(易地思之)

나는 남편에게 늘 자기 자신을 먼저 보라는 말을 자주 한다. 때로는 남편의 주체할 수 없는 분노가 나를 찌르고 상처를 낸다.

나는 어제 남편의 분노가 인정(認定)받고 싶은 욕구에서 오는 것이라는 것을 알게 되었다. 남편은 남편으로, 교회의 목사로, 리더로, 인정이 필요했다. 내가 사역을 먼저 시작했기에 제자들은 남편보다는 나와 더 오랜 시간을 보냈다. 남편보다는 나에게 먼저 의논하고 따르는데 익숙한 것이 문제였다.

남편은 다른 사람을 먼저 배려하고 양보하며 사는 것이 몸에 밴 사람이다. 늘 좋은 사람, 겸손하고 신사적인 사람으로 평가를 받고 있다. 그런데 가까운 나에게 그 사랑과 배려, 여유와 인정(人情)이 없어진다고 느낀다. 우리가 모두 인정(認定)할 지라도 사소한 한 가지 문제에 부딪히게 되면 그 모든 인정(認定)은 무너져 버리고 화를 낸다. 그리고 그 모든 분노의 화살은 나를 향해 날아오른다. 나는 그런 남편의 분노를 쏟아내는 쓰레기통이 되는 것을 참을 수가 없어서 또 맞장구를 친다.

그런데 돌이켜 보니 나는 나 자신을 볼 생각은 하지 못했다. 나는 늘 사역을 해야 한다고 생각했고 사역이 되기 위해서는 내가 나설 수 밖에 없다고 생각하고 있었다.

비록 존재감은 없지만 삶은 행복해

나는 자주 남편에게 이렇게 말을 했다.

"제발 내 입장에서 생각 좀 해 봐. 내가 얼마나 힘들지!!"

그런데 내가 틀렸다. 나는 내 입장만 주장했다. 남편의 마음을 생각해 주지 못했다. 자신보다 12년 반이라는 긴 시간을 먼저 들어와 사역하는 아내와 함께 발맞춰 사역을 따라다녀야 하니 얼마나 힘들고 어려웠을까!! 언어공부를 할 시간도 없이 공사 현장을 다녔고 오토바이를 타고 사역을 갔다가 언어학교를 가기 위해 돌아오는 길에 쏟아지는 비에 흠뻑 젖고도 언어학교로 향했던 그 어려움을 나는 알아주지 못했다.

"선교사는 다 그런거야. 나도 그렇게 했어."

나는 늘 이런 말로 남편의 기를 살려주지 못했다. 사역을 마치고 온 후엔 늘 지쳐서 뻗어버리는 남편을 일으켜 세우며 언어 공부하지 않는다고 핀잔을 주고 있었다. 어제 일로 나는 또 말문을 닫았다. 남편의 분노가 도를 넘었기 때문이다. 이 문제를 해결하지 않고는 남편과의 관계를 회복할 수 없을 것 같기에 말씀을 붙잡고 있었다. 어제부터 창세기를 통독하며 기도하는데 하나님께서 주신 마음이

'역지사지'였다.

요셉은 자신을 애굽으로 팔았던 형들의 두려움을 향해 눈물로 위로하고 있었다.

> 당신들이 나를 이곳으로 팔았다고 해서 근심하지 마소서 한탄하지 마소서 하나님이 생명을 구원하시려고 나를 당신들보다 먼저 보내셨나이다.
>
> 창세기 45:5

그렇다. 나는 남편을 이해하려고 하지 않았다. 어떤 상황에서도 그를 지지하고 응원해 주지 못했다. 그저 분노의 쓰레기통이 되었다는 불평으로 나의 분노를 함께 그 통으로 밀어 넣고 있었다. 요셉이 역지사지 마음을 오늘 내 삶에 적용하기로 했다. 그리고 생각했다.

知彼知己 百戰不殆 (지피지기 백전불태)

상대를 알고 나를 알아야 모든 전쟁에서 위태하지 않고 이길 수 있다는 것이다.

내가 가장 잘 알고 있다고 생각했던 남편을 몰랐다. 나 자신조차도 알지 못하고 살고 있었다. 잠잠히 우리 부부의 문제를 하나님 앞에 올려드리며 우리에게 주시는 역지사지의 마음으로 서로를 살펴야 한다는 것을 깨닫는다. 상처는 아주 사소한 서운함이 밀려와서 박아버리는 대못이 된다는 것도 알기에 그 상처를 막을 길이 있다는 것을 오늘 깨닫게 되었다. 그리고 나는 남편에게 말해주고 싶다.

"여보, 나 당신을 단 한 번도 무시하지 않았어요. 언제나 당신 편이고 당신을 응원해요. 다만 우리가 사역하는데 생각이 다를 뿐이고 제자들과 소통이 잘 안 된 것뿐이에요. 그 아이들도 절대로 당신을 무시하지 않는다는 거 기억해 주세요. 늘 당신에게 고맙고 사랑합니다."

누가 누구에게 불만이 있거든 서로 용납하여 피차 용서하되 주께서 너희를 용서하신 것 같이 너희도 그리하고

골로새서 3:13

담장

궁금한 그들의 세상

남편은 늘 축구에 진심이다. 일 년에 두 번 있는 선교사 축구 대회를 처음으로 따라 나섰다. 대회가 시작되고 남편은 새벽부터 운동장을 향했고 나는 혼자 호텔 방 책상 앞에 앉아 컴퓨터 자판을 두드리며 시간을 보냈다. 10시쯤 운동장으로 가 볼까 하는 마음에 방을 나섰다. 호텔을 둘러싼 펜스를 통과하면 빨리 운동장으로 갈 수 있을 것 같았다. 호텔을 나가 주차장을 한 바퀴 돌았지만 나가는 길은 없었다. 다시 정문으로 나와 도로를 따라 2㎞ 길을 걸어 운동장

비록 존재감은 없지만 삶은 행복해

으로 향했다. 운동장은 긴 담장으로 둘러져 들어갈 수 있는 길은 저 멀리 보이는 정문 뿐이었다. 정문을 통과하여 그 큰 운동장을 한 바퀴 돌아 캄보디아 선수석으로 갔다. 경기가 끝나고 나오는 길에 남편에게 말했다.

"운동장 담장이 길어 걸어갈 때 더워서 혼났네."

남편의 대답은

"아침에 나랑 ○○ 선교사는 담을 넘어서 들어갔다." 였다.

담을 쳐야 안전한 세상

캄보디아는 땅을 사면 먼저 말뚝을 박고 담을 쳐야 한다는 속설이 있다. 그렇지 않으면 내 땅이 되지 않을 수도 있다는 것이다. 실제로 대부분 땅을 사면 담장 공사를 제일 먼저 한다. 영역 표시를 하는 것이다. 우리 교회도 2007년도에 구입하고 제일 먼저 담장을 쳤다. 그리고 15년 지난 2022년도에 우리 교회 땅 일부를 다시 찾았다. 땅 구입 당시는 측량을 정확하게 하는 것이 아니라 주인이 여기까지다 하면 그런 줄 알고 말뚝을 박고 담장을 올리는 정도였다. 2022년 어느 날, 나는 늘 오르내리던 교회 계단에서 우연히 옆의 땅을 바라보았다. 그리고 뭔가 이상한 생각이 들었다. 우리 교회 땅문서는 분명히 직사각형으로 일직선이 분명한데 담장이 ㄱ자로 휘어서 안으로 들어와 있었다. 분명 담장 공사도 내가 했는데 뭔가 이상했다.

    남편에게 이야기를 하고 우리는 측량을 해 보기로 했다. 면에 접수를 하니 군청 토지과에서 나와 측량을 해 주었다. 결과는 우리 땅이 옆집으로 들어가 있었다. 면에서는 옆집 땅 주인과 합의를 위해 양쪽을 소집하고 의논을 했지만, 옆집에서 양보하지 않아 결국 우리는 변호사를 선임해서 교회 땅을 찾기로 했다. 몇 달의 시간이 흘러 우리는 교회 땅을 찾게 되었고 바로 더 높은 벽을 쌓았다. 잃어버린 영혼을 되찾은 것도 아닌데 기쁘고 좋았다. 지난주에 프놈펜에 있는 한 기도원에 세미나 참석 차 가서 들은 이야기가 우리와 비슷했다. 기도원 사역을 하는 선교사님이 토지를 측량하던 중 이전 주인이 속이고 내주지 않은 무려 200평이 넘는 땅을 찾았다고 자랑을 했다. 이야기를 듣던 우리 모두는 빨리 담장 공사 먼저 하라고 했더니 벌써 말뚝을 박고 그늘막까지 치고 우리 땅 표시를 했다고 한다. 이렇게 담장은 우리를 안전한 우리의 테두리로 만들어 주기도 한다.

높아지는 담장

뜨람크나 교회는 땅을 찾고 기존 담장은 허물어지고 새 담장이 올라갔다. 높아졌다. 교회 주변 집과 땅이 모두 매립하여 높아졌기 때문이다. 끄랑톰 교회는 우기 때 폭우에 흙이 유실되어 교회 담장이 와르르 다 무너지고 흔적도 없이 사라졌다. 급하게 모금을 해서 담장을 쌓았다. 끄랑톰 교회는 빈민가 동네 아이들이 밤에 교회 담을 넘어와서 도둑질, 쓰레기 투척, 교회 문을 부수고 창문을 깨는 등 골치를 앓고 있었던 터라 이참에 담을 높이기로 했다. 마치 성벽을 쌓듯이 교회 담장이 3m로 높아졌다. 우리들의 세상이 만들어졌다.

프놈펜에는 부자들이 많다. 부자의 척도를 눈으로 보이는 집이나 차의 종류와 크기로 그들이 부의 상태를 예측하기도 한다. 내가 살고 있는 집은 다세대주택 같은 형태로 4m폭의 집들이 성냥갑처럼 수십 채가 붙어있는 집이다. 10cm 작은 벽돌 한 장이 담이 되어 단지 안에 100여 가구가 모여 살고 있다. 도로에서 집으로 가는 길목에 부잣집이 있다. 그야말로 대저택이다. 높은 담장은 그 안을 누구도 들여다볼 수 없도록 차단하고 있다. 가끔 그 앞을 지날 때 나는 담장 안 그들의 세상이 궁금해진다.

'어떤 사람들이 살고 있을까? 얼마나 부자일까? 강아지는 있을까?'

나는 그들의 세상에 대한 궁금증을 상상으로 풀어내고 있었다. 한번은 부잣집 앞을 지나가는데 갑자기 스르륵 성문이 열리듯 대문이 자동으로 열려 내 궁금증의 실타래를 풀 수 있었다. 눈이 휘둥그레졌다. 시커먼 고급 자동차 6대가 나란히 마당을 채우고 있었다.

'아, 이 사람들은 정말 부자구나.' 라는 생각이 들었다.

교회의 담장이 높아지면서 걱정이 된다. 나처럼 담장 안 세상을 궁금해하는 사람들이 들어올 수 없게 되지는 않을까? 세상의 담이 높아지면서 마음의 담도 높아지고 있지는 않을까? 염려가 밀려온다. 세상에 그리스도의 빛을 전해야 할 교회에서 성벽을 쌓아 올리고 방어벽을 치는 것이 맞는가? 생각이 꼬리를 물고 달려들 때 나는 한 가지 물음에 집중하기로 했다.

마음의 담 허물기

하나님을 사랑하고 영혼의 사랑하는 마음을 간직하길 나에게 주문한다. 마음의 벽을 높이지 말자. 최근 사역 중 남편과 부쩍 갈등이 많았고, 제자들 때문에 마음의 어려움이 많았다. 때로는 진심이 전달되지 않아서 만들어진 오해로 담이 쌓이고 변함없이 반응할 줄 모르는 강퍅함에 담이 쌓인다. 성령의 폭포수가 쏟아져도 꿈쩍하지 않는 태도에 또 담장이 쌓인다. 꿈도 없고 소망도 없이 하루를 버티듯 살아가는 그들의 삶의 모습을 외면하고 싶어서 또 하나의 담장을 쌓아 올린다. 나는 매일 마음에 높은 담을 쌓아 올리고 있었다.

운동장을 휘감고 있는 담장을 보니 지금 내 마음 상태를 보는 듯하다. 들어갈 구멍 하나 없이 빙글빙글 돌기만 해야 하고 넘어갈 수 없이 바라만 봐야 하는 성벽이 되어버린 내 마음의 벽을 본다. 그 누구도 들어올 수 없도록 철저하게 막고 높여버린 상태로 오늘도 한 칸을 더 높이고 있을까 염려를 더한다.

'그래 오늘 마음의 담을 허물어 보자.'

남편은 축구장을 가려고 담장을 넘었지만 우리 마음의 담장은 뛰어넘을 필요 없이 다 들어올 수 있도록 허물어 보자. 마치 폭우에 유실된 흙 때문에 교회 담장이 흔적 없이 무너지고 사라졌듯이 마음의 담장이 흔적 없이 사라지게 하자 결심을 해 본다.

예수님께서 이미 원수 된 모든 담장을 그의 몸으로 허물어 주셨다. 이제 화평을 누리는 복이 내 마음을 다스려 불필요한 담장을 쌓아 올리는 어리석음이 사라지기를 소망한다. 오직 십자가를 바라보는 축복을 누리자.

> 그는 우리의 화평이신지라 둘로 하나를 만드사 원수 된 것 곧 중간에 막힌 담을 자기 육체로 허시고
>
> 에베소서 2:14

토끼섬

고난의 풍랑을
뚫고 나가야 만나는 천국

토끼를 닮은 섬

캄보디아 해안 도시 까엡에는 '토끼섬'이라는 작은 섬이 있다. 섬의 모양이 토끼를 닮았다고 해서 토끼섬이다. 토끼섬은 육지에서 작은 목선을 타고 30분 정도를 들어가야 한다. 섬은 아직 개발되지 않은 채 자연 그대로의 모습을 유지하며 가끔 배를 타고 들어오는 낯선 외국인 관광객을 맞는다.

나는 토끼섬에 대한 이야기를 사역 초부터 들었지만 가보지는

비록 존재감은 없지만 삶은 행복해

못했었다. 그런데 몇 년 전 대학교 2학년 때 휴학을 하고 1년간 단기 선교사로 헌신하여 사역하고 돌아간 진주가 대학을 졸업하고 직장 생활을 하던 중 휴가를 내서 찾아왔다. 우리 부부는 다시 찾아준 진주가 고마웠다. 진주와 같이 캄보디아의 휴양지에서 좋은 시간을 보내고 싶었다. 그래서 말로만 듣고 가보지 못한 토끼섬으로 여행을 떠나기로 했다. 진주도 캄보디아 있을 때 말로만 들었던 토끼섬으로 여행을 기대하고 있었다.

마침 그때는 우기가 절정을 향해 달려갈 때라 매일 비가 왔다. 바다를 잘 몰랐던 우리는 부슬부슬 비가 오는 컴컴한 하늘을 대수롭지 않게 생각했다. 눈으로 봤을 땐 파도도 심하지 않고 바람도 불지 않았다. 배를 타기 위해 선착장으로 갔을 때 모든 배들이 오늘은 날씨 때문에 토끼섬에 가지 않는다고 한다. 우리는 실망을 하며 마지막 남은 배 한 척을 향해 걸어갔다. 그런데 그 배의 선장은 우리를 기꺼이 맞아 주었다. 이 정도 비에는 괜찮으니 토끼섬으로 우리를 안내하겠다는 의지를 강하게 내 비쳤다.

남편과 나 그리고 진주 우리 셋은 생각할 것도 없이 과감히 목선에 올랐다. 우리를 실은 목선의 엔진은 시끄럽게 돌아 시동이 걸렸다. 마침내 미지의 세계, 아름답고 평화롭다고 소문만 들었던 토끼섬을 향해 출발했다. 배는 우리가 오르는 순간부터 출렁이기 시작했다. 한두 방울 떨어지던 빗방울이 굵어지기 시작했다. 잠잠해 보였던 바다는 잠잠한 것이 아니었다. 그 속에서는 쉴 새 없이 파도가 치고 있었다. 우리가 보지 못했을 뿐이었다.

이미 선착장을 출발한 목선은 출렁거리는 파도를 타고 시끄럽게 엔진 소리를 울리고 있었다. 한번 출렁일 때마다 바닷물은 배 안을 습격하며 우리를 때리기 시작했다. 마치 바이킹을 탄 것처럼 배는 90도 각을 세우기 시작했고 앞뒤 좌우로 출렁이며 바닷물을 한 바가지씩 우리에게 선사했다. 구명조끼를 입고 아무런 힘도 없는 널빤지를 목숨 줄 같이 붙잡은 우리 셋은 연신 비명을 지르며 서로를 의지하고 있었다.

그 순간 나는 풍랑을 잔잔케 하시는 예수님을 기다렸다. 그런데 연약한 내 믿음은 베드로를 닮아가지 못했다. 풍랑은 멈추지 않았고 30분 들어가면 된다고 했던 토끼섬을 향해 질주하는 목선은 어찌된 일이지 도착할 기미를 보이지 않았다.

물에 빠진 생쥐 마냥 흠뻑 젖은 우리는 서로를 위로할 틈도 없이 비명을 지르고 있었다. 나는 불현듯 진주가 걱정되었다. 선교사인 나와 남편은 이렇게 죽음을 맞는다고 해도 주님 앞에 가는거라 괜찮은데 저렇게 이뿐 우리 진주 20대 꽃다운 나이에 사고를 맞는다면 어떻게 하나 걱정과 불안을 안고 내내 기도했다. 풍랑이 멈추지 않은 상태로 3시간 같은 30분이 흘렀을까 빗줄기를 뚫고 질주하던 배가 조금씩 속도를 줄이기 시작한다.

비록 존재감은 없지만 삶은 행복해

아, 이제 도착했나 보다 생각할 즈음 배는 바다 가운데 멈추었다. 그리고 도착했다고 내리라고 한다. 어찌된 일이지 바닷물 속으로 뛰어내리라는 것이다. 우리는 선장에게 항의하며 바닷물에 빠질 수 없다고 했지만 원래 여기서 내리는 거라고만 한다. 토끼섬에 들어가는 모든 사람들은 배에서 뛰어내려 물에 빠져야만 들어갈 수 있었다. 토끼섬에는 선착장이 없다는 것도 모른 채 우리는 무모한 토끼섬 여행을 시도했던 것이다.

지금도 여전히 토끼섬에는 선착장이 없다. 우리는 허리까지 잠기는 바닷물속으로 뛰어내렸다. 그리고 산을 넘어 예약한 호텔 아니 게스트하우스로 안내를 받았다. 호텔이라고 생각하고 들어간 곳은 나무로 지어진 게스트 하우스였다. 컴컴한 방안에 불을 켜니 오래된 침대가 놓여있는 것이 전부였다. 우리는 바닥이 보이는 화장실에서 소금물을 씻어내고 옷을 갈아 입었다. 저녁을 먹고 나니 곧 전기가 나간다고 한다. 토끼섬에는 전기가 없어 발전기를 돌리는데 8시가 되면 발전기를 꺼버린다고 일찍 잠자리에 들란다. 우리는 쫓기듯 방으로 들어가 폭풍우와 맞서느라 몰려온 피로와 두려움을 몰아내듯 잠을 청하려 했다. 그런데 침대에 누워 방안을 둘러보는 순간 기겁을 했다. 손바닥 만한 쥐들이 나무 기둥을 타고 쫓아다니며 우리를 반기고 있었다. 나는 혹시 옆방에 있는 진주가 놀랄까 소리를 지르지도 못하고 남편을 향해 손짓을 하며 쥐를 쫓아내라고 했다. 잠시 후 옆방에서 울먹이는 소리로 나를 부르는 진주 목소리가 들린다.

"선교사님 쥐 때문에 무서워서 못 자겠어요."
"으~~ 진주야, 우리 방으로 건너와!"

우리는 진주와 한방에서 잠을 청하며 뜬눈으로 토끼섬에서의 첫 날밤을 보냈다. 다음 날 아침이 밝았다. 언제 폭풍우가 있었냐는 듯 눈 부신 햇살이 떠올랐다. 마침내 보이는 토끼섬의 아름다움이 내 눈에 들어왔다. 반짝이는 파란 바닷물결 살랑살랑 귓볼을 만져주는 바람 작고 아담한 비치에는 하얀 밀가루 같은 고운 모래사장이 펼쳐져 있었다. 내 마음은 이내 설레고 있었다.

'아~~ 아름답다. 정말 아름답구나! 눈이 부시도록 아름답다.'

나는 다른 그 어떤 말로도 표현할 수 없었다. 그저 아름답다는 말만 되뇌고 있었다. 이 아름다움을 만나기 위해 우리는 폭풍우를 견디고 풍랑을 뚫고 토끼섬을 찾아갔던 것을 이제야 알게 되었다.

인생의 토끼섬

우리가 이 땅에서 살아가는 것이 바로 토끼섬을 찾아가는 삶이 아닐까?

바다를 알지 못하는 무지함 때문에 풍랑이 일어날 것을 예견하지 못한다. 비가 오는 바다 위 작은 목선 위에 무모하게 올랐고 거친 비바람 폭풍우를 만나는 고난을 겪어야 했다. 인생을 살아가면서 우리는 별안간 쏟아지는 소나기를 만나기도 하고 비바람을 만나기도 한다. 한 치 앞을 알 수 없는 인생의 바다 한복판에서 폭풍우와 싸우며 죽음을 맞을 것 같은 두려움과 고통의 시간을 통과하기도 한다. 그 고난의 시간이 지나 토끼섬에 닿았을 때도 우리는 바닷물 가운데 뛰어내리며 끝이 보이지 않는 고난의 터널을 지나야 한다.

숙소에 도착하고 쉼을 누리는 순간에도 우리를 공격하는 쥐들 때문에 평안을 누릴 수 없었다. 밤새 몰아치던 폭풍우 비바람이 스르르 잠들 때쯤 우리는 겨우 잠들 수 있었지만, 어제 도대체 무슨 일이 있었냐는 듯 새침한 햇살이 발갛게 떠오르는 새날 아침이 우리를 반겨주었다. 그것이 우리의 인생이고 삶이 아닐까!!

고난의 터널을 통과하고 들어간 토끼섬에서 아침을 맞을 때 우리는 천국을 보았다. 이 아름다움을 위하여 우리는 그 큰 두려움을 안고 출렁이는 바다를 뚫고 토끼섬을 찾은 이유를 발견하게 된다.

마치 우리가 이 세상을 살아가는 것도 이와 같으리라.

　하나님의 영광이 있으매 그 성의 빛이 지극히 귀한 보석 같고 벽옥과 수정 같이 맑더라. 아름다운 천국을 만나기 위해 우리는 이 땅에서 견디며 이겨 나가야 하리라.

요한계시록 21:11

관계
나에게 걸려있는
그물망 속 질그릇

모든 인간은 이 세상에 태어나는 순간부터 많은 관계 속에 얽혀서 살아가게 된다. 부모 자식, 친구, 부부관계 사회라는 세상 속으로 나가게 되면서 헤아릴 수도 없는 많은 관계가 삶을 지탱하기도 하고 억누르기도 한다.

나에게는 어려운 숙제

내가 글을 쓰기 위해 '관계'라는 제목을 적는 순간 남편은 한마디

던진다.

"자기가 관계를 어떻게 쓸지 궁금해."

남편의 말 속에는 은근히 나의 관계 형성을 탓하거나 비난하려는 의도가 있음을 나는 직감한다. 남편은 마치 자신이 내 삶에서의 모든 관계를 평가하고 정죄하는 듯한 말투로 나의 관계 형성에 점수를 주고 있었다. 기분이 나빠지는 순간이다. 평소에 남편은 나에게 인간관계를 잘 못한다고 자주 이야기를 했다. 그 말은 자신은 관계 맺기를 잘한다는 것을 과시하듯 혹은 나의 관계 형성이 틀렸다는 것을 훈육하듯 던지는 말이다. 대단한 아킬레스건을 발견한 것 같은 의도가 다분하다는 것을 나는 안다. 가장 중요한 부부관계에 금이 가는 소리다.

남편은 늘 관계를 중요하게 생각한다. 모든 관계를 다 잘해야 한다고 생각하고 있다. 좋은 관계를 위해서 자신은 손해 보고 상처를 받아도 감수한다. 나는 남편의 그런 생각을 썩 좋아하지는 않는다. 우리 부부의 생각 차이는 크다. 남편은 남에게 신세를 지고는 못 사는 사람이다. 밥은 꼭 자신이 사야 한다. 이유도 다양하다. 나이가 많아서, 한번 사야 해서 우리가 먼저 얻어 먹어서, 우리 동네니까. 등 다양한 이유에서 남편은 꼭 먼저 계산대로 향한다. 극구 사양하는

비록 존재감은 없지만 삶은 행복해

상대방을 억압해 누르며 자신이 먼저 달려가야 속이 편한 사람이다.

　몇 주 전 교회 근처 식당에 점심을 먹으러 갔다. 마침 지방에서 프놈펜으로 가던 선교사님이 단기 선교사와 함께 식당으로 들어오는 것을 만났다. 우리는 서로 인사를 나누고 각자 다른 테이블에서 식사를 했다. 우리가 먼저 식사가 끝나고 나오며 옆 테이블 선교사님과 인사를 나누고 계산대로 향했다. 남편은 계산대 앞에 서 있는 나를 쿡쿡 찌른다. 저쪽 테이블 밥값을 같이 계산하라는 뜻이다. 나는 당황스러웠지만 꺾을 수 없는 남편의 고집을 알기에 그쪽 테이블 밥값을 몰래 계산하고 나왔다. 처음 있는 일이 아니었다. 나는 그런 남편의 생각이 때로는 못마땅하다. 왜 삶의 에너지를 이렇게 쏟으면서 피곤하게 살아야 하나? 그런데 이는 남편의 관계 형성과 유지의 방법인 것 같다. 본인이 피곤하고 힘들어도 먼저 섬기고, 때로는 손해를 봐도 베풀어야 한다. 그래서인가 남편은 대부분의 사람들과 좋은 관계를 맺고 있다.

　나는 남편과 생각이 다르다. 나에게 필요한 관계를 유지하고 형성하고 싶다. 세상에 얽혀 있는 수많은 관계를 다 이해하고 수용하며 마치 문어발 같은 관계 유지를 위해 불필요한 에너지를 쏟고 싶지 않다. 문어발 하나쯤은 잘려도 괜찮다고 생각한다. 다만 하나님께서 나에게 허락하신 관계 속에서 나의 열정과 에너지를 충분히 쏟아내고 싶기 때문이다. 가장 가까운 사람들에게 먼저 나의 관심을 집중하고 싶다. 내가 밥을 사지 않아도, 신세를 꼭 갚지 않아도 내가 최선을 다해 관계를 이끌어 나갈 수 있다면 그만큼 유지하면 된다고 생각한다. 내가 집중하고 최선을 다할 수 있는 나의 관계를 이루고 싶다. 남편에게도 '최○○' 그 이름만으로도 충분히 아름답고 빛나는 관계를 유지할 수 있다는 것을 말해주고 싶다.

현지인들과의 관계 유지를 위한 방법은?

우리는 사역을 하면서 관공서를 통해서 일 처리를 해야 할 때가 많다. 예배 허가뿐 아니라 교회나 학교 심지어 월세를 내며 사는 집 거주 증명서나 운전 면허증 등 모든 것이 관공서를 통해야 한다. 문제는 예전부터 캄보디아 공무원들은 돈이 되지 않는 일은 처리가 늦다. 그래서 뒷돈을 주거나 그들의 욕구를 채워주면서 일처리를 한다. 그러나 내가 아는 공무원이 있다면 일은 쉽게 진행이 된다.

   나는 돈을 주거나 아는 사람을 통해서 일 처리 하는 것을 싫어했다. 그런데 남편의 생각은 다르다. 돈을 주는 것은 그들과의 관계를 잘 유지하기 위한 것이기에 명절이 되거나 절기가 되면 꼭 선물을 주고 성의 표시를 해야 한다고 생각한다. 이런 문제로 우리는 자주 다투게 된다. 그때마다 남편은 번번이 내가 관계 맺기를 못하고 있다고 생떼를 쓴다. 나는 남편의 그 말은 동의할 수가 없다. 관계를 잘 맺고 유지하는데 돈이 필요하고 선물이 필요한가? 그것도 쌍방이 아닌 일방적으로 그렇게 정성을 들여야 하나? 왜 항상 좋은 관계를 위해 희생을 감당해야 하나? 때로는 관계의 단절도 필요하고 새로운 관계를 형성하는 것도 필요하지 않는가? 많은 의문을 끄집어내면서 남편이 원하는 관계 유지법을 나는 여전히 수용할 수가 없다.

깨지기 쉽다

관계라는 것은 비단 인간에게만 형성이 되는 것은 아니다. 동물, 식물 하나님께서 창조하신 천지만물은 모두 거미줄처럼 형성된 관계 속에 톱니바퀴처럼 맞물려 살아가고 있다. 하늘과 땅 해와 달 별들까지도 하나님께서 허락하시고 운행하시는 관계 속에서 각자의 역할을 다하고 있기에 세상은 하나님의 목적대로 흘러간다. 모든 창조물은 반드시 하나님과의 관계를 잘 유지할 때 생명이 공급되고 유지되었다. 특히 하나님의 형상으로 창조된 인간은 하나님과 하나되는 긴밀하고 아름다운 관계 속에서 삶의 행복을 누릴 수 있다. 하나님과 관계가 깨지는 순간 인간은 생명을 잃게 되었다.

인간관계는 마치 질그릇과 같아 쉽게 깨지기도 한다. 특히 '이해관계'라는 말은 때로는 무겁게 가슴을 짓누르기도 한다. 이해관계 때문에, 이해관계에 얽혀서 벌어지는 많은 사건들이 가슴을 서늘하게 한다. 그래서 사람들이 이해관계를 벗어나기 위해서 '각자도생'이라는 말을 좋아하는 것 같다. 오늘의 친구가 내일의 적이 되기도 하고, 부부관계가 깨지면서 이혼을 하게 되고 친구와 지인들과 이해관계가 얽히게 되면서 사이가 멀어지고 원수가 되는 경우도 종종 본다. 어쩌면 하나님과의 관계가 무너지면서 생명을 잃었기 때문이 아닐까 생각해 본다.

남편의 한 마디가 내 생각 속에 묻혀 있던 어려운 숙제를 풀어보게 한다. 잘못한다고 시간이 없다고 풀어 볼 생각을 하지 않았던 문제에 직면해 보는 시간이다. 무엇이 정답이라 할 수 없지만 이 땅을 살아가면서 만나는 수많은 사람과 나 사이에 걸려있는 질그릇들을 잘 지키고 관리하는데 필요한 에너지를 기꺼이 사용해 보기로 했다. 또한 창조의 목적대로 살기 위해 하나님을 향한 기지국을 세우고 주파수를 맞춰 하나님과의 아름다운 관계를 유지하리라 다짐해 본다.

> 곧 우리가 원수 되었을 때에 그의 아들의 죽으심으로 말미암아 하나님과 화목하게 되었은즉 화목하게 된 자로서는 더욱 그의 살아나심으로 말미암아 구원을 받을 것이니라
>
> 로마서 5:10

우정
삶의 한 자리를
공유하는 것

40년 지기

작년부터 현지 목회자 교육을 하고 있다. 한국에서 신학교 교수사역을 하시는 목사님이 섬기는 선교회를 통하여 이 사역을 시작했다. 그중 사역을 주도적으로 이끌고 나가시는 목사님 네 분을 중심으로 다섯 번째 목회자 교육을 잘 마쳤다.

나는 네 분의 목사님들을 통하여 '우정'이라는 아름다운 단어를 생각하게 되었다. 목사님들은 신학교 학부 동기생들이다. 40년도

넘는 세월을 친구라는 이름으로 목회 현장과 삶을 공유하며 마음과 생각이 하나가 된 분들이었다. 친형제 이상의 친밀감, 신뢰, 사랑으로 하나 된 작은 가족 공동체였다. 너무도 아름답고 귀하고 부러웠다. 네 분이 모인 자리에는 늘 웃음소리가 떠나질 않았다. 뭐가 그리 즐겁고 재미가 있는지 서로를 향해 웃고 떠들며 60이 넘은 나이에도 서로의 이름을 불러가며 마치 어린아이처럼 알콩달콩 서로를 꿰뚫고 계셨다. 당신들의 인생 2/3 시간을 함께 하시면서 만들어진 목사님들의 삶의 공간은 하나였다. 눈빛만 봐도 그 마음과 생각을 읽을 수 있고 전하지 않아도 그 마음이 전달이 되는 분들이셨다.

나는 목사님들의 모습을 보면서 일평생 '우정'을 나누며 삶과 사역을 공유할 수 있다는 것이 얼마나 큰 축복인가 생각해 본다. 마치 '다윗과 요나단'처럼 목사님들의 우정은 삶의 한 자리를 공유하며 하나로 만들어져 있었다.

내 오랜 친구

목사님들을 만나고 나니 어느덧 내 생각은 그리운 내 친구들에게로 달려간다.

'음, 그렇지. 나에게도 그런 친구들이 있지!!!'

으쓱한 마음이 든다. 내 인생의 가장 큰 전환점을 맞게 된 사건은 예수님을 영접하게 된 것이다. 고등학교 2학년 때 담임선생님의 강요로 SFC 주보 편집장을 맡게 된 것이 내 인생을 바꿨다. 그때 나는 교회를 다니지 않았다. 음악 선생님께서 전해준 친구 초청잔치 초대장을 들고 교회를 내 발로 찾아갔지만 그 뿐이었다. 그러나 그 사건은 하나님의 계획하심 가운데 일어났던 내 인생의 가장 큰 축복의 사건이었다.

초청장에 기록된 내 정보를 통해 교회에서 전도 엽서를 학교로 보냈고 그 엽서를 전달해 주시던 담임선생님은 내가 교회를 다닌다고 생각하셨다. SFC 지도 교사였던 담임선생님은 어느 날 나에게 SFC 예배 주보를 만들라는 명령과 함께 편집장 직책을 부여해 주셨다. 거절할 수 없는 담임선생님의 동아줄에 묶여 뭔지도 모르는 주보를 만들기 위해 SFC 문을 열고 들어갔다. 하나님께서 예비하신 구원의 문을 열고 들어간 것이었다.

SFC에는 나에게 복음을 전할 친구가 나를 기다리고 있었다. 내 친구 주○근이는 예수님을 믿고 교회를 다닌 지 겨우 1년 정도 되었지만 그 믿음의 견고함과 뜨거움이 나에게 바로 전달될 만큼 신실한 친구였다. 나는 ○근이를 통해 예수님을 믿고 내 삶의 중심을 교회 안으로 옮기게 되었다.

주○근, 김○준, 이○일 지금도 그 이름만 들어도 가슴 설레는 내 친구들이다. 하나님께서 만들어 준 믿음의 공동체가 되었다. 나는 친구들에게 성경을 배우고 찬양을 배웠다. 학교가 끝나면 우리는 누가 먼저라고 할 것도 없이 교회로 향했고 우리의 2부 수업이 시작되었다. 교회는 우리의 아지트가 되었다. ○근이와 ○준이는 찬양을 좋아하는 친구였다. 늘 기타를 치며 찬양을 했고 우리 4명이 드리는 예배를 통하여 하나님의 임재는 늘 충만하게 임했다. 그렇게 예수님 안에서 고교시절 친구들과의 아름다운 추억을 쌓게 되었다. 우리는 말하지 않아도 서로의 마음을 읽을 수 있었고 필요를 알 수 있었다. 밤새 은혜를 나누고 수다를 떨어도 지치지 않았다. 그렇게 우리의 우정은 깊이를 더 하며 삶의 자리를 공유하기 시작했다.

고3 성탄절에 눈이 유독 많이 왔다. 우리 집은 거창군에서 한 시간을 들어 와야 나오는 산골이었다. 폭설이 내려 차가 다니지도 않았고 눈길을 파헤쳐 사람이 다닐 수도 없는 그런 성탄 전날이었다. 눈 때문에 밖에도 못 나가고 있는데 골목길에서 찬양 소리가 들린다. 나는 이상해서 방문을 열고 나가는 순간 기절할 뻔했다.

내 친구 ○근이, ○준이, ○일이가 하얀 눈을 뒤집어 쓴 산타가 되어 골목에서 "고요한 밤 거룩한 밤~~" 찬양을 하고 있었다. 눈 때문에 발이 묶여 교회에 갈 수 없던 있는 친구를 위해 그 위험한 눈길을 뚫고 몇 시간을 찾아와 준 것이었다. 친구라는 이름 앞에 망설일 것도, 두려울 것도 없었던 우리들의 우정은 뜨거웠고 따뜻했다.

비록 존재감은 없지만 삶은 행복해

나의 10대의 끝자락을 화려하게 빛나게 해 주었던 내 친구들 주
○근집사, 김○준목사, 이○일성도 그리고 나중에 함께 한 이○란
사모가 있다. 예수님을 나에게 전해주고 내 삶을 예수님 안으로 이
끌어 준 내 친구들, 생각만 해도 행복한 추억 속으로 나를 안내하고
가슴 따뜻하게 하는 이름들이다. 선교사로 살고 있는 친구를 위해
여전히 물질로, 기도로 함께 하나님 나라를 세워나가는 내 삶의 한
자리를 차지하며 나를 지지하는 든든한 동역자들이다.

캄보디아에서 만들어진 우정

나는 30대 초반에 캄보디아 선교사로 왔다. 결혼하지 않고 혼자 왔
기에 내 이름 앞에는 늘 싱글이라는 큰 타이틀이 있었다. 어떻게 보
면 선교사는 특수한 직업이다. 그 사회가 지극히 좁아 조심스러웠
고 쉽게 마음 터놓을 친구를 만나기 쉽지 않은 집단인 것 같다. 특
히 싱글은 그랬다. 동병상련이라 늘 싱글 선교사들과 교제하며 마
음을 나누긴 하지만 그것조차도 조심스럽긴 마찬가지였다.
그런데 나에겐 캄보디아에서 20년간 마음을 나눈 선교사님이 계
시다. 같은 시기에 싱글로 캄보디아에 들어온 언니같은 전선교사님
이다. 가까이 살면서 거의 매일 만나서 교제하며 마음을 나누고 사
역의 어려움을 나누기도 했다. 전선교사님은 나보다 7살이나 연배

가 위였지만 늘 친구가 되어주었고 나는 전선교사님을 통해 많은 것을 배우기도 했다. 전선교사님은 싱글로 3년을 사역하시다 결혼을 했다. 결혼하게 될 것이란 소식을 나에게 가장 먼저 알려주셨고 나는 진심으로 축하를 했다. 결혼 후에도 변함없이 우리는 좋은 친구로 마음을 나누었다. 늘 언니같이 따뜻하게 위로하고 지지하며 나의 가장 좋은 벗이 되어주셨다. 물론 남편 선교사님도 그런 우리의 관계를 잘 알기에 나에게 그 자리를 기꺼이 양보해 주었고 셋이 만나도 전혀 불편함이 없는 사이가 되었다.

내가 결혼을 하게 되니 더욱 동질감이 증가하여 전선교사님 가정과 우리 가정은 친하게 되었다. 남편은 낯선 환경에서 말로만 들었던 아내의 친구와 친분을 만들어 가는 것이 불편했을 것이다. 그런데도 불평 없이 아내의 친구들과 친구가 되어주었다. 몇 년 전부터 부부 성경통독을 같이 하면서 매일 서로를 격려하며 말씀으로 은혜를 받는 축복을 누리고 있다.

어쩌면 너무도 각박하고 어려운 이 시대에 선교사로 살면서 마음을 나눌 수 있고 서로 위로와 격려로 지지해 줄 수 있는 동료, 친구가 있다는 것은 하나님께서 주신 특별한 축복이다. 이 땅에서 겪어야 할 많은 아픔과 고난을 함께 나누며 그 마음을 보듬어 줄 수 있다는 것은 말로 다 할 수 없이 행복한 일이다. 어떤 상황에도 조건 없이 나를 믿어주고 응원해 주는 친구가 있음에 감사하며 마음

비록 존재감은 없지만 삶은 행복해

이 우쭐해진다.

오늘은 캄보디아에서의 20년의 내 삶의 한 자리를 공유하며 살아가고 있는 전선교사님이 많이 보고 싶다. 엊그제 허리가 아파서 병원을 찾은 전선교사님이 걱정이 되어 오늘 아침에는 성경통독을 하며 그리움의 마음을 담아 전선교사님을 주님께 기도로 올려드렸다.

다윗이 사울에게 말하기를 마치매 요나단의 마음이 다윗의 마음과 하나가 되어 요나단이 그를 자기 생명같이 사랑하니라

사무엘상 18:1

유남숙 선교사

1997년 여름 무거운 가방을 메고 선교 훈련을 받기 위해 부산을 떠났다.
그 때가 시작이었다. 26살 젊은 시절 하나님의 부르심에 목숨까지도 아끼지 않는
선교사가 되리라 결단하고 선교사로 살아가는 복을 받았다.
2003년 꿈에도 그리던 캄보디아 선교사가 되었고 2025년 현재까지 캄보디아 선교사로
살고 있다. 싱글 선교사로 13년 정도 사역하던 중 하나님께서 남편 최경호 선교사를
만나게 하셔서 2015년 가정을 이루어 함께 사역을 감당하고 있다.
GMP, PCKWM 소속 선교사로 교회 개척, 제자 양육, 학교(교육) 사역을 감당하고 있다.

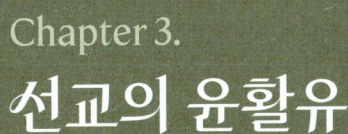

Chapter 3.
선교의 윤활유

20 **변론** _ 아보카도를 위해서

21 **능숙함** _ 반복이 주는 선물

22 **거리** _ 불편함의 또 다른 표현

23 **우산** _ 귀차니즘을 부르는

24 **해병대** _ 믿음의 삶을 살아내었던 곳

25 **커피** _ 나의 이야기를 들어주는 친구

26 **1973년생** _ 우리는 친구라 부른다

27 **꿈** _ 도착점이 아니라 살아가고 싶은 모습

28 **경험** _ 삶의 발판이 되어주는 힘

29 **소망교회** _ 예수님을 만나는 곳

30 **반지** _ 하나의 증거일 뿐

31 **노력** _ 포기하지 않는 것

변론
아보카도를 위해서

너는 채소니? 아니면 과일이니?

아보카도는 채소일까? 아니면 과일일까? 채소인 줄 알았다. 그냥 막연히 채소라고 생각하고 한 번도 과일이라고 생각해 본 적이 없었다. 그렇게 생각한 이유는 내가 생각하는 과일은 어떤 특별한 단맛이나 신맛이 있었는데 아보카도는 그런 맛을 가지지 않았기 때문이었다. 얼마 전에 알았다. 아보카도가 과일이라는 것을….

우리교회 성도들이 아보카도는 과일이라고 했다. 곰곰이 생각해 보니 내가 본 아보카도들은 나무에 열매로 열려 있었다. 식물학에서는 나무의 열매 중에 먹을 수 있을 것을 과일로 보고, 풀에서 재배된 것 가운데 먹을 수 있는 것을 채소라고 한다. 그러니 아보카도는 나무의 열매이기에 과일이다.

에콰도르에서는 아보카도를 '아구아까떼'라고 부른다. 그리고 어떤 나라에서는 아보카도를 아보가도(avogado)라는 이름으로 비슷하게 부르기도 한다. 또 스펠링 하나의 차이로 변호사를 "abogado"라는 단어로 사용한다. 오늘 나는 아보카도(avogado)의 아보가도(abogado: 변호사)가 되어 보려 한다. 왜냐하면 아보카도에 대한 오해가 많기 때문이다. 변론이 필요하다.

아보카도는 정말 땅을 병들게 만들까?

한 때, 인터넷에 아보카도에 대한 기사가 많이 났다. 아보카도는 토양의 물을 다 뽑아 먹는 좋지 않은 열매라는 것이 이유였다. 정말 그럴까?

나는 아보카도의 아보가도(abogado: 변호사)가 되고 싶다. 아구아까떼는 "agua-cate"가 이어지는 단어이다. "아구아"(agua)는 물이란 뜻이고 "까떼"(cate)는 "catar"라는 동사에서 왔는데 어원은 라틴어 "captare"로 스페인어로는 "coger, tomar, capturar"의 뜻

비록 존재감은 없지만 삶은 행복해

을 가지는데 "잡다, 마시다. 획득하다"의 뜻으로 해석이 되는 단어들이다. 어쨌든 아보카도는 "물을 많이 가지고 있다"는 뜻으로 해석이 되는 과일이다. 그래서 사람들은 아보카도를 먹지 말아야 한다는 말을 하기도 한다.

그런데 나는 사실 건조한 지역에서도 아보카도 나무와 열매가 잘 자라는 것을 보았다. 나는 에콰도르 수도 키토에 산다. 키토의 북쪽으로 과야밤바라는 지역이 있다. 그곳은 아보카도가 많이 생산되는 지역이다. 민둥산이 많고 흙이 많고 나무가 잘 자라지 않는 지역이다. 너무 건조한 지역이다. 그곳에서도 아보카도가 많이 생산된다.

게다가 나는 물이 많은 정글 지역에서도 아보카도 나무를 보았다. 강 옆으로 자라는 아보카도 나무였다. '만약 저곳에 아보카도 나무가 없다면 홍수가 자주 범람하지 않을까?' 나는 그런 생각을 해 보았다.

난 식물학자가 아니라 잘 알지 못한다. 그렇지만 나무의 문제가 아니라 '그 나무가 어떤 곳에서 어떤 역할을 하느냐'가 더 중요한 것 같다. 하나님은 우리를 위해 이 나무를 이 땅에 주셨다. 건조한 곳에서도 잘 자라는 아보카도 나무는 농사를 짓기 어려운 농부들에게 좋은 소출물을 줄 것이고 정글에 물이 많은 곳에서 잘 자라는 아보카도 나무는 물의 범람과 흙의 유실을 막아주는 소중한 나무가 될 것이다.

성경에서는 하나님은 우리에게 씨를 맺는 채소와 씨를 가진 모든 열매의 나무를 주셨다고 한다. 아보카도 나무도 그중 하나이다. 세상을 부정적인 관점에서 보면 불평할 것이 넘쳐 날 것이다. 그렇지만 긍정적인 관점에서 보면 또 감사할 것이 넘쳐 날 것이다. 아보카도 나무와 열매 또한 하나님이 주신 것이다.

이 글로 두 가지 오해를 풀었으면 좋겠다. 아보카도는 과일이다. 그리고 아보카도는 하나님이 우리에게 주신 좋은 선물이다.

하나님이 이르시되 내가 온 지면의 씨 맺는 모든 채소와 씨 가진 열매 맺는 모든 나무를 너희에게 주노니 너희의 먹을 거리가 되리라 또 땅의 모든 짐승과 하늘의 모든 새와 생명이 있어 땅에 기는 모든 것에게는 내가 모든 푸른 풀을 먹을 거리로 주노라 하시니 그대로 되니라

창세기 1:29-30

비록 존재감은 없지만 삶은 행복해

능숙함
반복이 주는 선물

아보카도를 보면서 "능숙함"이란 단어를 생각한다.

나는 매일 아보카도를 먹는다. 아보카도를 먹기 위해서는 먼저 아보카도를 씻고 깎아야 한다. 10년이란 세월의 반복은 아보카도를 깎는 나에게 능숙함을 선물했다. 난 정말 아보카도를 잘 깎는다. 얇은 쪽의 머리부분을 살짝 자르고 손바닥에 열매를 놓고 반으로 자른다. 그러면 큰 씨앗이 떨어진다. 그러면 손으로 껍질을 벗기고 칼로 부드러운 살 부분을 자르면 된다. 그러면 잘 정돈된 아보카도 열매가 손질이 되어 쟁반에 놓인다. 정말 중요한 팁은 고기를 써는 도 둘도둘한 칼을 사용하면 더 쉽게 손질할 수 있다는 것이다.

큰 딸 수아가 말한다. "난, 안돼…. 왜 안되지?" 그러면 나는 "10년이 필요해." 라고 말한다.

오늘도 나는 예쁘게 잘라진 아보카도를 쟁반에 올려 식탁으로 가져가고 있다. 수아는 "아빠가 깎은 아보카도 먹고 싶어"라고 말하며 방긋 웃어준다.

나는 아보카도에 손만 살짝 올려보아도 얼마나 익었는지 언제쯤 익을지 언제가 가장 맛있을지 알 수 있다. 정말 사소한 일이지만 10년이란 세월이 주는 감각은 특별한 것 같다. 내가 성취해 본 능숙함이라는 결과물이 많지는 않지만, 아보카도는 포함 시켜도 될 듯하다.

'능숙함' 이라는 것. 하나님께서 우리들에게 기대하는 것이 아닐까?

불평 많은 세상에서 '그냥 더 해 보는 것', '능숙함에 이르기 위해 더 노력해보는 것' 이것을 하나님은 기대하지 않으실까? 그리고 하나님은 그 능숙함을 위해 우리의 손을 잡아 주시지 않으실까?

나는 아보카도를 깎는 작은 능숙함으로 매일 아침 내가 가장 사랑하는 딸에게 기쁨을 준다. 에콰도르에서 처음 아보카도를 먹었으니 아보카도는 에콰도르가 나와 딸에게 준 선물이다. 그리고 작은 능숙함이 준 기쁨이다.

이에 그가 그들을 자기 마음의 완전함으로 기르고 그의 손의 능숙함으로 그들을 지도하였더라

시편 78: 72

Chapter 3. **선교의 윤활유**

거리

불편함의
또 다른 표현

거리감

언제부터였는지 잘 모르겠다. 아들의 걸음이 정확하지 않았다. 열한 살인데 계단을 내려올 때면 나에게 손을 내밀었고 똑바로 걸어가지 못하는 모습을 발견했다.

   사실 나는 그것을 잘 인지하지 못했다. 그런데 아내가 나에게 말했다.

   주원이 걸음교정 시켜 주어야 한다고…. 그 말을 듣고 주원이를

비록 존재감은 없지만 삶은 행복해

보니 걸음이 바르지 않은 것을 알 수 있었다.

작년 사시교정 수술을 받고 주원이는 다시 잘 걷기 시작했다. 걸음도 편해졌고 계단도 혼자서 잘 걸어갈 수 있게 되었다. 그렇지만 오랜 시간 가졌던 불편함 때문인지 계단에서는 여전히 나에게 손을 내민다.

눈이 문제였다. 사시로 인해서 정확한 거리를 잡지 못했던 것이다. 얼마나 불편했을까? 어릴 적 그렇게 빨랐던 달리기도 느려져 버렸다. 거리감을 잘 잡지 못해서였다. 수술까지 2년이란 시간을 거쳐 서야 눈이 정상으로 회복되었다.

우리들이 가지는 거리

"거리" 라는 단어는 세 가지 뜻이 있다. 첫째, 사람이나 차들이 다니는 길을 말한다. 둘째, 공간적으로 물리적으로 떨어진 길이나 감정적으로 벌어져 있는 사이를 말한다. 마지막으로 내용이 될만한 대상이나 재료를 말한다. 흔히 발음되는 "꺼리" 이다.

우리는 늘 거리를 걷고 서로의 거리로 고민하고 서로의 "꺼리"를 이야기한다.

나는 성인이 되어서도 사람과의 거리를 적절히 유지하지 못해서 꽤 오랜 시간 어려움을 겪었다. 내가 생각하는 거리는 가까웠는데 상대방은 멀었고 내가 멀게 생각한 거리를 또 상대방은 너무 가깝게 생각하여 서로가 어려웠다.

성인이 되어서도 아직 숙제로 남아있다. 아마 나뿐만 아니라 많은 사람들의 고민일 것이다. 우리는 서로 상처를 주고받으며 살아가고 있으니….

시간이 필요하다

솔직히 나는 가족과도 어려움을 느낄 때가 있다. 나만 그럴까? 어렵게 살았던 어린 시절, 좋은 추억이 많이 없었다. 물론 있었겠지만 즐거움을 함께 기억할 추억이 적었던 가정은 아마 더 그럴 것이다. 나는 벌써 결혼한 지 20년이 지났고 동생은 22년이 지났다. 어머니도 그렇게 홀로 긴 시간을 사셨다.

그래서 때때로 동생과의 거리가 있음을 느끼고 어머니와의 거리도 그렇게 느껴진다. 더 다가가고 싶은데 어디까지 다가가야 할지 잘 모르겠다. 보이지 않는 화약을 사이에 둔 것처럼 늘 조심스럽다.

나의 미숙함 때문일까? 아니면 사람들과 잘못된 거리로 가졌던 상처 때문일까? 그래서 가족들에게는 더 실수하고 싶지 않나 보다. 우리는 서로의 가정에서 서로의 삶에 더 익숙한 채 더 많은 시간을 보내고 있다. 그리고 앞으로도 그럴 것이다.

서로의 거리를 알기 위해서는 시간이 조금은 더 필요하다. 굳이 거리를 두지 않고 사람들을 사귀었던 것은 딱 초등학교 때까지였다.

거리를 맞춘다는 것

거리를 맞춘다는 것은 가장 좋은 모습을 보려는 노력이다. 그리고 가장 좋은 상태를 유지하기 위한 시도이다.

나는 탁구를 좋아한다. 탁구도 결국 거리를 맞추어 치는 것이다. 오른손잡이의 경우 공을 너무 일찍 치면 네트에 걸리거나 공이 왼쪽으로 쏠리고 너무 늦게 치면 오른쪽으로 공이 밀리게 된다. 가장 적정한 위치에 공이 왔을 때 가장 좋게 공을 칠 수 있다.

오십이 되고 안경도 쓰기 시작했다. 초점이 맞지 않아 먼 거리에 있는 글들이 보이지 않기 시작했다. 안경을 쓰니 거리가 조정이 되었다. 거리를 맞추고 글을 보고 운전을 하니 모든 것이 편해졌다. 사람과의 거리를 맞춘다는 것은 어쩌면 평생의 숙제가 될 것이다. 우리는 서로 가까워졌다가 또 상황에 따라 멀어지기도 하기 때문이다.

하나님은 우리를 창조하셨다. 하나님은 우리와 함께 하기 원하셨다. 하나님은 선악과를 만드셔서 우리와 가장 좋은 거리를 유지하셨다. 그러나 아담과 하와의 욕심은 그 거리를 무너뜨렸다. 나는 여전히 사람들과의 거리를 맞추는 것이 어렵다. 아마 평생 이 숙제를 가지고 살 것이다. 사람들은 어떻게 각자의 삶의 거리를 맞추며 살아가고 있을까?

하나님이 태초에 허락한 가장 아름다운 "거리"를 볼 수 있었으면 좋겠다.

> 여호와 하나님이 동방의 에덴에 동산을 창설하시고 그 지으신 사람을 거기 두시니라 여호화 하나님이 그 땅에서 보기에 아름답고 먹기에 좋은 나무가 나게 하시니 동산 가운데에는 생명나무와 선악을 알게 하는 나무 있더라
>
> 창세기 2:8~9

우산
귀차니즘을 부르는

딸과의 다툼

"우산 가져가라."

"싫어, 안 가져가도 돼, 학교 사물함에 안 들어가, 들고 다니면 힘들어."

딸은 현관에서 짜증을 내며 나와 실랑이를 하고 있다.

"그래도 가져가라고. 네가 안 가져가면 엄마나 아빠가 데리러 가야 되잖아."

"됐어, 내가 그냥 올게."

한바탕 전쟁이 끝나고 딸은 학교로 갔다. 물론 아빠의 차를 타고 갔다.

딸이 까칠하다. 18살에 우리 딸 정도면 아주 모범적이지만 까칠할 때가 있다. 우리가 청소년이었을 때, 부모님들도 같은 마음이었을까? 어른이 되어서 보면 중요하지 않은 것들이 아이들에게는 중요하고 우리 눈에 중요해 보이는 것들은 오히려 아이들 눈에는 중요하게 보이지 않은 것들이 많은 것 같다. 부쩍 검정색 옷과 통이 넓은 바지를 좋아하는 것도 내 나이 18살 때와 비슷한 것 같다. 내 딸이다.

에콰도르, 특별히 우리가 살고 있는 키토는, 계절이 하나인 나라다. 1년 내내 푸른 나뭇잎이 지지 않는다. 적도를 지나는 뜨거운 태양을 우리는 고도 2850m에서 받는다. 조금은 건조해서 다행이지만 뜨거운 자외선은 피할 방법이 없다. 일교차도 심하다. 아침은 봄, 점심은 여름, 저녁은 가을, 새벽은 겨울 날씨처럼 춥다. 그렇지만 겉으로 보이는 날씨는 1년 내내 봄 날씨이다. 단지 1년에 5개월 정도 오후에 비가 오는 우기가 있을 뿐이다.

지금이 그 우기 기간이다. 그래서 다툰다. 우산 때문에….

단정한 그리스도인의 삶

딸과 한바탕 다투고 나서 우산이 필요한 이유를 곰곰이 생각해 봤다.

딸의 말처럼 우산이 꼭 필요할까? 자기 몸인데, 자기가 불편한 것인데.

그런데 나는 우산이 꼭 필요하다는 결론을 내렸다. 비록 청소년일지라도.

우선 자신을 위해서 필요하다. 느닷없이 비를 맞은 모습을 생각해 보라. 비 때문에 머리부터 헝클어지기 시작한 모습은 옷과 신발 그리고 가방까지 자신이 정성껏 준비한 하루를 망치게 할 것이다. 자신을 가장 아름답게 꾸미고 나온 그 날의 아침을 스스로 엉망으로 만들어 버리기 때문에 우산은 꼭 들고 다녀야 한다.

정돈되지 않는 상태는 그 다음 일을 멈추게 할 수도 있고 신체적으로 정서적으로 건강함을 유지하기 어렵기 때문이다.

나를 기다리는 상대방을 위한 배려로도 필요하다. 우리는 이웃과 함께 살아간다. 친구일 수도 있고 우리가 존경을 표해야 할 분들일 수도 있고 우리보다 어린 나이의 사람들일 수도 있다. 그렇지만 그들을 만날 때 우리는 늘 기대를 가진다. 나의 좋은 모습을 보여주고 싶듯이 그들도 가장 아름다운 모습으로 우리를 맞이한다. 그들의 아름다운 모습을 맞이하기 위해 우리도 가장 아름다운 모습을 만들고 그 모습으로 그들을 맞이해야 한다. 물론 어쩔 수 없을 때가 있다. 그때는 정말 어쩔 수 없다. 하지만 기본적으로 상대방을 위한 존중과 배려가 필요하다. 그것은 우리의 모습에서 나온다.

믿음을 가지지 않은 사람들에게 하나님을 전하기가 참 어려운 시대를 살고 있다. 그 사람들에게 우리가 할 수 있는 것이 그 사람들을 향한 우리들의 배려가 아닐까? 그 사람들은 결국 우리들의 삶을 통해 조금이나마 하나님을 볼 수 있지 않을까?

그리고 우리가 그렇게 살아야 하지 않을까?

구약에서 흠이 없는 가장 정결한 예물을 가지고 하나님께 나아갔던 것처럼, 우리가 그렇게 하나님 앞에 살아야 하는 것처럼 우리의 이웃들에게 그런 삶을 보여주어야 하지 않을까?

그래서 단정한 그리스도인의 삶을 위해 우산을 잘 들고 다녀야 한다고 딸에 다시 한번 말을 해야겠다. 사실 딸이 지금 앞에 있고 딸이 이 글을 처음 읽을 것이다. 딸과 함께 있는 행복한 토요일 아침이다.

> 타인이 너를 칭찬하게 하고 너 입으로는 하지 말며 외인이 너를 칭찬하게 하고 네 입술로는 하지 말지니라
>
> 잠언 27:2

해병대

믿음의 삶을
살아내었던 곳

우리는 해병대 가족이 될 수 있을까?

세상에서 가장 재미없는 이야기가 군대 이야기라고 했던가? 그렇지만 한국 국민의 절반이 남자이고 대부분은 군 복무를 경험하기에 군대 이야기는 앞으로도 한국에서 빠질 수 없는 이야기가 될 것이다.

강화평화전망대를 두 번 방문했다. 작년이 두 번째였는데, 아들 주원이는 커서 해병대에서 군 복무를 할 것이라 내게 말했다. 내가 해병대 705기로 근무했으니 혹시 주원이가 해병대에 근무를 한다면 2033년 병기수로 1421기 정도가 될 것이다. 정말 그렇게 된다면 10년 후 이 글을 볼 때 참 재미있을 것 같다.

강화도 평화전망대가 특별한 것은 전망대 바로 아래에 있는 부대에서 내가 근무했기 때문이다. 해병대에서의 생활은 어쩌면 내 삶에서 가장 큰 전환점이었다. 정신적으로 육체적으로 성장한 시기였고 어렴풋했던 하나님을 인지하며 살기 시작했던 시간이었다.

1994년 나는 기순이라는 친구를 군대에서 알게 되었다. 엄밀히 말하자면 해병대 후임이다. 내가 병장일 때 기순이는 일병이었으니 나는 정말 기순이에게 하늘과 같은 선임이었다. 그런 기순이를 몇 년 전 페이스북을 통해 만나게 되었고 이제는 한국을 방문할 때마다 우리는 종종 만난다. 사실 서로에게 좋은 기억이 없었다면 만나기 불편할 수 있는 사이이다. 우리는 해병대의 선임과 후임으로 만났기 때문이다. 그래도 아직 만날 수 있는 것을 보니 서로에게 좋은 기억이 있나 보다. 다행이다.

우리가 함께한 시간은 많았지만 우리는 서로의 모든 것을 기억하지 못한다. 나도 기순이도 그럴 것이다. 벌써 30년 전이었으니…. 사실 내가 기순이를 특별하게 생각했던 것은 기순이를 통해 가졌던 특별했던 두 가지 기억 때문이다. 그래서 종종 생각이 났다. 나중에 기순이에게 나의 특별했던 기억을 물어보니 기순이는 기억하지 못했다. 기억은 늘 내 중심으로만 기억되나 보다.

고사 이야기

첫 번째 기순이에 대한 기억은 전방부대에서 가졌던 고사에 관련된 이야기이다. 어쨌든 우리나라는 유교 문화가 있다. 조상들에게 우리들의 안녕을 기원하는 문화이다. 돼지머리 앞에 돈을 올리고 절을 하고 안녕을 기원하는 문화가 우리 때만 해도 있었다. 전방소대에서는 그것이 더 아주 중요했다.

고사를 지내던 그 시점에 나는 병장 직전의 상병이었다. 그래서 굳이 고사에 참여하지 않아도 절을 하지 않아도 나무랄 사람이 없었다. 지금도 그렇지만 나는 크리스천이었다. 고참 크리스천이었다. 그런데 기순이는 달랐다. 고사에 참여해야 했고 또 절을 해야 했다.

참, 기순이도 크리스천이었다. 지금도 그렇다. 나는 그 자리에서 안절부절 못하고 있는 기순이를 보았다. 그리고 기순이를 고사에 참여시키려는 일병들과 이병들의 눈이 기순이를 향한 것을 보았다.

나는 기순이를 도와주어야겠다는 생각이 들었고 일병 오장(일병 최고선임)과 이병 오장(이병 최고선임)을 불러 기순이를 강제로 고사에 참여시키지 못하게 했다.

그 당시 나도 후임들에게는 꽤 무서운 선임이었다. 그리고 고사 후에도 선임들이 기순이를 어렵게 하지 않도록 다짐을 받았다. 나는 두고두고 이 일을 생각한다. 내가 평생 한 일 중 가장 잘한 것이라 생각하고 있다. 그리고 그 사건 이후 기순이와 나는 늘 주일 아침 교회를 함께 다녔다. 우리는 북성리 교회에서 예배를 드렸다.

국가대표 선수와 미팅

시간이 조금 지나고 새로운 소대장이 소대로 부임했다. 소대장도 크리스천이었는데 나를 참 좋아했다. 그리고 소대장은 국가대표 펜싱선수 출신이었다.

어느 날 나를 부르더니 자기 후배 펜싱 여자국가대표 선수를 소개해 준다고 했다. 미팅이었다. 군대에서 미팅이라니…. 심지어 여자국가대표 선수와 미팅이라니!

가슴이 너무 뛰었다. 그날이 한껏 기다려졌다. 마침 그날이 되었다.

주일 아침 교회로 가는 길에 나와 소대장은 교회 앞 슈퍼에 머물렀다. 그곳에서 미팅을 하기로 되어 있었다. 슈퍼에는 주민들과 군인들을 위한 제법 넓은 공간이 있었는데 종종 그 곳에서 면회를 하기도 했다.

주일 아침이었기에 기순이도 함께 부대를 나섰다. 나는 한껏 들떠 있었고 미팅을 해야 하니 기순이만 교회로 보낼 예정이었다. 소대장도 그날은 교회를 빠지기로 했다. 사실 그 면회는 소대장을 위한 면회였으니….

"야, 오늘은 너만 가, 나 미팅있어." 하며 슈퍼 앞에서 기순에게 말했다. 그리고 슈퍼로 들어갔다. 그런데 기순이가 교회에 가지 않고 슈퍼 유리 문밖에서 나를 계속 쳐다보고 있었다. 나는 병장이었고 기순이는 이병이었다. "왜 안가?" 하고 나는 물었다. 그랬더니 나에게 "교회 가셔야 합니다." 라고 말했다. "야, 나 오늘 미팅한다고 여자 국가대표랑. 너만 가." 그랬더니 "주일입니다. 교회 가셔야 합니다." 기순이는 완고하게 나를 쳐다보았다. 그렇게 20분을 슈퍼 밖 유리문에서 나를 노려보고 있었다. 결국 나는 기순이에게 이끌려 교회로 향했다. 그 설레이던 여자 국가대표선수와의 미팅을 포기한 채. 내 기억이 맞다면 나는 교회로 가는 길에 계속 기순이의 엉덩이를 발로 차며 구박하고 갔다. 해병대 병장이 이병의 손에 끌려 교회에 간 것이다.

그렇게 나의 설렘 가득했던 여자 국가대표 선수와의 미팅이 허무하게 끝나고 말았다. 그런데 교회로 가는 길에 나는 기순이가 무척 고마웠다. 믿음에 대해서 예배에 대해서 나에게 권면해줄 수 있는 친구를 만났다는 것이 고마웠다.

나는 늘 기순이가 생각이 났다. 그리고 기순이가 목회자가 되었을 것이라 늘 생각했다. 나 같이 부족한 사람도 선교사가 되었기에…. 시간이 흘러 우리는 다시 만났다. 기순이는 목회자는 아니었고 중견기업의 임원이 되어 있었다. 그런데 기순이는 내가 소중하게 기억했던 두 가지 사실을 전혀 기억하지 못하고 있었다. 기억은 내 중심적인 것이었다.

칭찬받고 싶었나 보다

지난 겨울 기순이에게 물었다. "군대에서 나 어땠어?", "나를 어떻게 기억해?" 나는 앞서 말했던 두 가지 나의 기억을 추억하며 물었다. 기순이는 이렇게 대답했다. "좋은 선임이었어요." 그게 끝이었다. 나는 구차하게 한 번 더 물었다. "너, 내가 고사 못 지내도록 도와준 거 기억 안 나?", "너, 내가 국가대표랑 미팅할 때, 네가 깨어 버린 거 기억 안 나?", "아니요. 기억 안 나는데요." 그냥 그렇게 대답했다. 그게 끝이었다. 허무하게….

나 혼자 30년 가까운 세월의 추억을 되새기고 있었던 것이었다. 기순이를 만나면 기순이가 특별한 칭찬을 해 줄 것이라 생각했나 보다. 나 혼자만의 기억이었는데…. 그래도 "좋은 선임"으로 기억되었으니 그것으로 충분하다. 나 역시 30년을 좋은 믿음의 친구로 기순을 생각하고 있어서 감사하다.

내가 기순이를 기억한 만큼 나도 기순이에게 기억되고 싶었나 보다. "나 어땠어?" 이 말을 꼭 하고 싶었다. 기순이를 그 옛날 기순이로 추억하면서….

오늘도 잠시나마 기순이를 생각해 본다. 군대에서 가졌던 짧은 믿음 생활을 추억해본다. 누군가에게 기억되고 싶어 했던 나의 어린 마음을 열어본다. 그리고 기순이에게 칭찬받지 못한 나를 내가 다시 한번 나에게 칭찬한다. 내 마음이니까.

철이 철을 날카롭게 하는 것 같이 사람이 그의 친구의 얼굴을 빛나게 하느니라

잠언 27:17

커피

나의 이야기를
들어주는 친구

옷도 예쁜 Vélez 커피

나는 모험을 썩 좋아하지 않는다. 그래서 익숙한 것을 늘 선호한다. 커피도 그렇다. 나의 입맛에 맞으면 더이상 새로운 커피를 굳이 찾지 않는다. 나는 에콰도르에서 내 입맛에 딱 맞은 커피를 찾았고 그 이름은 Vélez이다. 주황색 포장에 디자인도 딱 내 스타일이다.

작년 선교훈련원에 있을 때 한 선교사님이 남미 커피를 평가해 주셨다. 지나가는 말로 하셨는데 너무 정확하게 말해서 깜짝 놀랐다.

비록 존재감은 없지만 삶은 행복해

"남미 커피는 콤콤한 맛이 나지 않나요?" 사실이다. 대부분의 에콰도르 커피가 그렇다. 가격이 싸고 로스팅을 한 후 시간이 많이 지난 커피들을 너무 많이 판다. 그래서 많은 에콰도르의 커피의 맛도 그렇다. 나도 남미에 산다고 자존심이 상했다.

에콰도르에서 오는 분이 계셔서 Vélez를 주문해서 받았다. 내가 직접 커피를 내리며 함께 공부하시는 분들을 위해 내려 드렸다. 사실 대부분 커피 맛에 관심이 없었지만 난 그 말을 듣고 싶었다. "이 커피는 괜찮네요".

마침내 나는 그 말을 들었다. 나는 참 사소한 것에 뒤끝이 있나 보다. 나는 에콰도르를 사랑하고 에콰도르의 커피를 사랑한다. 아니 Vélez를 사랑한다.

팬데믹 전에 슈퍼에서 Vélez란 커피를 우연히 발견했다. 사실 디자인이 예뻐서 샀다. 주황색 포장지가 너무 예뻤다. 그런데 맛도 있었다. 콤콤한 맛이나 탄내가 아닌 커피 맛이었다. 그러면서도 약간의 보리차 같은 맛도 나는 커피이다.

나의 최애 커피의 발견이었다. Vélez.

"Pidame Vélez, compraré por tí"
(나에게 벨레스를 요구해, 내가 너를 위해 사줄게)

나는 커피를 내리는 남자

커피를 내리는 남자는 자신을 사랑하는 남자이다.
자신을 위해서 시간을 내기 때문이다. 원두가 부서지는 소리를 듣고 그 소리를 통해 자신의 피로를 씻어낸다.
커피를 내리는 남자는 사람들을 좋아하는 사람이다.
다른 이를 기꺼이 초대하고 그 사람들을 위해 시간을 내어주기 때문이다.
커피를 내리는 남자는 수다쟁이다.
커피와 함께 삶을 나누기를 좋아하기 때문이다. 남자들도 사실 말이 많다.
커피를 내리는 남자는 자신의 삶을 돌아보는 사람이다.
물을 끓이며 준비를 하며 커피를 내리며 자신만의 시간을 보낸다. 그리고 그 시간 속에서 짧은 자신의 어제와 오늘을 생각한다. 그냥 멍하니 커피만 마시는 사람은 없다. 커피를 마시며 끊임없이 자신과 이야기를 한다.
커피를 내리는 남자는 내일에 대한 기대감을 가진다.
커피는 쉼표다. 다시 걷기 위해 숨을 고르는 쉼표다. 커피를 내리고 마시면서 내일을 준비한다. 그래서 커피를 내리는 남자는 좀 멋있다.

비록 존재감은 없지만 삶은 행복해

커피를 내리는 남자는 나다.

그래서 내가 좀 멋있다.

커피도 하나님의 선물

생각해보면 커피에 대한 추억이 많다. 정사각형에 가까운 인스턴트 커피 맥스웰이 나에게는 가장 오래된 커피의 추억이 아닐까? 물론 그전에 온 국민이 사랑한 자판기 커피도 있었다. 그런데 안성기 씨의 등장으로 국민 커피는 맥심이 되었다.

그렇지만 인스턴트라는 뜻이 말해주듯이 그 시대는 잠시 피로만을 잊게 해주는 정도의 커피가 아니었을까? 적어도 나에게는 그랬던 것 같다.

이제 우리는 커피를 마시고 쉼도 누린다. 책도 보고 글을 쓰기 위해 커피숍을 찾기도 한다. 하나님은 Vélez 라는 친구를 나에게 선물로 주셨다. 우리가 마시는 커피는 하나님의 선물이다.

> 평온한 마음은 육신의 생명이나 시기는 뼈를 썩게 하느니라
>
> 잠언 14:30

1973년생

우리는
친구라 부른다

추억이라는 이름의 공통분모

한국은 나이에 민감하다. 한 살 차이가 뭐 그리 대단하다고 보이지 않는 경계와 벽을 만들고 살아간다. 1973년에 태어난 우리도 그럴 것이다. 나 역시 그렇듯이….

1973년에 태어난 우리는 소띠이고 1992년 92학번이란 이름으로 대학에 들어갔다.

가끔씩 1974년생들이 우리들의 그룹 속에 있기도 하다. 그렇지

비록 존재감은 없지만 삶은 행복해

만 동생을 받아주는 너그러운 마음으로 동기라 불러준다. 내 친구 중에도 한 명 있다. 정 모 씨라고 참 소중한 친구이다. 아 그리고 김 모 씨도 있구나…. 둘 다 너무 소중하고 감사한 친구들이다.

우리들의 공통분모는 무엇이 있었을까? 초등학교 때 방학이면 김청기 감독의 로보트 태권브이를 기다렸던 추억이 있다. 슈퍼 태권브이와 84 태권브이 시리즈를 끝으로 태권브이는 더이상 영화로 제작되지 않았다. 그리고 우리는 우뢰매를 우리들의 영웅으로 맞이해야 했다. 그런데 만화와 영화가 결합된 조합은 큰 인기를 끌지 못했다. 어쩌면 개그맨 심형래씨를 주인공으로 선택한 것이 실수였을 수도 있겠다는 생각을 한다.

교회를 다녔던 아이들에게는 주일 아침마다 방영되었던 '들장미 소녀 캔디', '미래소년 코난' 같은 만화들은 큰 시험이었다. 주일학교 시간과 겹쳤다. 초등학교 4학년 때였을까? 이선희씨가 불렀던 'J에게'는 초등학생들이었던 우리들에게 사춘기 이전에 사랑이라는 단어를 생각하게 했다. 우리가 공통적으로 사랑했던 가수는 이문세, 변진섭, 신승훈, 이승환 정도이지 않았을까? 더불어 나는 푸른하늘의 노래를 참 좋아했다. 나에게 가수로서의 영웅은 당연히 무한궤도였고 지금은 작고하신 (고) 신해철씨이다.

고등학교 때 나는 친구의 여자친구를 마음으로 참 많이 좋아했다. 그 친구는 오.장.박의 '내일이 찾아오면'이란 노래를 좋아했다. 그 노래를 들을 때면 아직 그 친구가 생각이 난다. 나의 외사랑이었다.

가끔 18살 딸과 11살 아들로 인해 가사를 이해하지 못한 채 많은 노래를 듣지만 아직 내 기억 속에는 수많은 노래와 가사들이 그 시절 나의 감정과 함께 남아있다. 아이들이 느닷없이 내가 노래를 부를 때면 깜짝깜짝 놀란다. 이유는 내가 한 번도 듣지 않았던 것 같은 노래의 가사들을 다 외워서 따라 부르기 때문이다. 여름휴가 때 차에서 특히 그렇다.

1973년생들의 가장 큰 공통분모는 우리가 사랑했던 가요들이 주었던 감성이 아닐까? 그래서 '응답하라 시리즈'가 더 인기가 있었던 같다. 그 시대의 노래들은 그렇게 우리들의 마음을 울렸다.

친구들아, 수고했어

몇 명의 친구들을 만나고 또 헤어지고를 반복했을까? 그리고 몇 명의 친구들을 남겨두고 있을까? 고등학교까지만 생각해 보아도 우리가 학교를 다니던 시절에는 한 반에 평균 50명씩 친구들이 있었다. 총 12년이었으니 학교에서 만난 친구만 벌써 600명 이상이다. 동네 친구도 있었을 것이고 옆 반 친구들도 친구를 통한 친구도 있을 것이고…. 그리고 대학까지…. 적어도 1000명 이상은 만났다. 그런데 몇 명의 친구들이 남아있을까? 나에게는 서너 명 정도가 되는 것 같다. 많지는 않지만 또 적지도 않다. 또 한편으로는 이렇게 친구들이 적다는 것은 우리가 서로 너무 바쁘고 외롭다는 증거이다. 우리는 그렇게 50년이란 시간을 살아왔다.

그래서 꼭 말해주고 싶다. 나의 소띠 친구들에게 말하고 싶다.

"그래도 잘 살았어, 그리고 수고했어."

'지천명'의 나이를 지나고 있다

50살이란 나이는 특별하다. 100세 시대를 말하는 현대에 인생의 절반을 지나는 나이이기 때문이다. 그리고 은퇴라는 말도 함께 조용히 우리를 따라다닌다.

나에게 50살이 특별한 이유는 내 아버지가 50세에 돌아가셨기 때문이다. 그래서 '나는 건강하게 50살을 지날 수 있을까?' 하는 걱정을 늘 가지고 있었다. 사실 나보다 남겨진 가족에 대한 걱정 때문이었다.

40세는 '불혹' 이라 부른다. 불혹은 유혹에 흔들리지 않는 나이이다. 50세는 '지천명' 이라 부른다. 지천명은 하늘의 뜻을 알고 살아가는 나이이다.

1973년생 나와 친구들이 지천명의 나이를 지나고 있다.

이제는 하늘의 뜻, 하나님의 마음을 알고 그 길 위를 분명히 걸어야 할 나이이다.

한국을 방문할 때면 사람들은 내게 물어본다.

"앞으로 뭐 할 거예요?", "준성아, 앞으로 계획이 뭐니?" 한결같이 나에게 묻는다. 마치 서로 연락을 한 것처럼….

내 직업군이 선교사이니, 사람들이, 친구들이 나를 보기에 너무나 불안하고 불안정해 보이나 보다. 나 역시 그렇다. 선교사의 위치를 내려놓고 남은 50년을 준비해야 한다는 불안감이 왜 나에게 없겠는가? 나 역시 앞으로의 삶이 두렵다. 나뿐만 아니라 대부분의 1973년 친구들은 이런 마음이 조금씩은 있지 않을까?

그렇지만 나는 선교사의 걸음을 한 걸음 더 가보려 한다. 지금까지 그렇게 살아왔듯이 그럼에도 불구하고 하나님은 늘 인도해 주셨듯이 앞으로도 도우실 것이다. 나에게 그것이 믿음이고 용기이고 하나님의 뜻을 계속 알아가려는 노력이다.

친구들아, 지천명의 걸음을 힘차게 걸어가자.

> 하나님이여 내가 늙어 백발이 될 때에도 나를 버리지 마시고 내가 주의 힘을 후대에 전하고 주의 능력을 장래의 모든 사람에게 전하기까지 나를 버리지 마소서
>
> 시편 71:18

꿈

도착점이 아니라
살아가고 싶은 모습

대통령 혹은 의사?

왜 그랬는지 모르겠다. 나의 어릴 적 꿈에 대한 대답은 대부분 대통령이었다. 적어도 초등학교 3학년까지 나는 그랬고 대부분의 남자 아이들도 그렇게 대답했다. 6학년쯤 되었을 때 대통령보다는 의사라는 대답이 더 많았던 것 같다.

왜 그렇게 획일화된 대답들이 아이들에게 가득했을까? 우리 어린 시절은 절대적인 힘을 가진 사람이 대통령이라 생각되었던 것일까? 꿈이라는 단어는 어떤 높은 위치를 향해야 한다는 생각을 가졌던 것일까?

요즘 딸과 대학 이야기를 많이 한다. 몇 달 후 난 딸을 보내야 한다. 딸은 자신의 진로를 찾아가야 한다. 사실은 진로 이야기이다. 나는 꿈을 물어보진 않는다. 그런데 "뭐하고 싶니?" 라는 질문으로 딸에게 물어본다.

그러면, "몰라, 몰라, 몰라." 귀찮은지 이렇게 대답한다.

어느 날 딸이 내게 물었다. "아빠는 꿈이 뭐였어?"

그래서 내 꿈을 생각해 보았다.

봉고와 함께 가요

이런 CM송이 있었다. "오늘은 좋은 날, 좋은 날 좋은 곳에 봉고와 함께 가요."

바로 승합차(봉고)가 처음 우리 기술로 만들어졌을 때 나왔던 TV 광고이다. 그 때만 해도 명절이면 모든 친척과 사촌들이 다 모였던 때였다. 나는 그때 한가지 꿈을 꾸었다. '내가 커서 저 봉고를 사서 친척들을 태우고 함께 놀러 다녀야지' 라고 생각했던 초등학생의 소박한 꿈이었다. 나는 장손이었다. 문득 딸의 질문에 나의 작은 바람이 생각이 났다.

비록 존재감은 없지만 삶은 행복해

사실 봉고를 사는 것은 꿈이 될 수 없다. 단지 어떤 바람인 것이다. 그런데 그 바람을 꿈이라고 생각하기도 한다. 마치 우리 아들이 레고 장난감을 많이 가지고 싶어하는 것처럼….

나에게 몇 가지 바람들이 있었다. 친구들이 대학에 갔을 때 나도 대학에 가서 공부를 하고 싶은 바람이 있었다. 그런데 그럴 수가 없었다. 그래서 나의 바람은 바람처럼 날아가 버렸다. 또 20대 중반 어느 순간 정말 작은 바람이 있었다. 토요일 오후에는 집에서 라면을 끓여 먹고 싶은 바람이 있었다. 당시 가구점에서 일을 했는데 토요일에도 일을 해야 했다. 토요일 어느 날 고객의 집에 배달을 갔다가 내 나이 또래의 학생이 집에서 라면을 먹던 모습을 보았다. 그런데 그것이 그렇게 부러울 수가 없었다. 나의 바람은 참 작았다. 소소한 소원 정도였다. 그런데 내가 말하고 싶은 꿈은 바람이나 작은 소원과는 다르다.

도착점이 아니라 상태이다

딸의 질문을 곰곰이 생각을 해 보았는데, 난 꿈을 이루고 살아가고 있음을 발견했다.

첫 번째 나의 꿈은 아이들이 집에서 기쁨을 누리는 가정을 만드는 것이었다. 슬픈 과거이지만 나의 아버지는 술을 많이 드셨다. 그래서 난 초등학생 때 늘 불안했다. 중고등학생 때도 그랬다. 그래서 나의 자녀들이 가정이 가장 안전하고 행복한 곳임을 느끼며 자라게 하는 것이 나의 꿈이었다. 내가 정의하는 꿈은 "도착점이 아니라 상태"이기에 적어도 지금까지는 그렇게 아이들을 잘 돌보고 있는 것 같다. 아이들이 즐겁고 행복한 모습을 보면 난 참 감사하다.

두 번째 나의 꿈은 믿음의 가정을 이루는 것이었다. 아내를 만난 것이 참 감사하다. 교회 이야기를 하고 찬양을 함께 듣고 때때로 아내가 예배를 통해 받은 은혜를 나눌 수 있어 감사하다. 믿음의 가정을 이루었기에 그러한 기쁨을 누리는 것 같다. 조금 전 딸 방에 잠시 들어갔는데 CCM을 들으면서 공부하는 모습을 보니 더 감사하다. 내가 목사라서 선교사라서 아이들이 믿음 생활을 하는 것이 아니라 아이들이 하나님을 알아가는 시간을 가까이서 볼 수 있어 더 감사하다.

마지막 나의 꿈은 결혼 전 가졌던 비전인데 아내와 한 방향으로 함께 걸어가는 것이었다. 선교의 길로 함께 걸어가는 것이 꿈이었다. 그리고 지금 우리는 선교사가 되어 에콰도르에 있다. 서로 조금 다른 사역을 하지만 선교라는 길을 함께 걸어가고 있다.

그래서 딸의 질문에 이렇게 대답했다.

"아빠가 꿈꾼 것처럼 살아가고 있어. 적어도 지금까지는…."

꿈은 어느 지점에 도착하는 것이 아니다. 살아가는 상태이고 살아가는 모습이다.

아이들에게 화목한 가정, 믿음의 가정, 한 방향으로 아내와 함께 걸어가는 것.

나의 꿈이었다. 그리고 그렇게 살아가고 있다. 적어도 지금까지는.

하나님의 은혜이다.

그들이 주의 크신 은혜를 기념하여 말하며 주의 의를 노래하리이다

시 145:7

경험

삶의 발판이
되어주는 힘

환경이라는 변명

오늘 11살 아들과 농구장에 갔다. 눈 수술로 다음 학기까지 휴학을 해야 하는 아들과 나는 자주 운동을 한다. 아내와 나는 유전이란 말로 아들의 장점과 단점을 종종 이야기한다. 집중력 부족한 것은 아빠, 억울한 일이 있을 때 말하면서 우는 것도 아빠, 조심성 많은 것도 아빠…. 다 내 잘못이다. 아니 내 유전자를 많이 가졌다.

음식 가리지 않는 것도 아빠, 그런데 운동 못하는 것은 엄마…!

비록 존재감은 없지만 삶은 행복해

아내는 운동과는 거리가 먼 사람이다. 어릴 때 아팠던 경험 때문이다.

그래서 운동 못 하는 것은 조금 더 살펴보아야 할 것 같다. '유전보다 환경이지 않을까?' 이렇게 생각해 본다.

나는 어릴 때 산에서 들에서 운동장에서 늘 뛰어놀며 자랐다. 그래서 모든 운동을 평균이상으로 잘 했다. 그런 환경이 되었다. 그런데 선교지에서 자라는 아이들은 사실 그런 환경이 너무 부족하다. 아니 그런 환경에 노출시키기가 쉽지 않다. 선교사 자녀들뿐만 아니라 사실 외국에서 자라는 한국 아이들 모두 그럴 것이다. 위험한 요소들이 생각보다 많다. 불평등한 대우, 치안, 안전의 문제, 에콰도르는 납치의 문제도 있다. 우리 아이들의 학교는 부모들이 하교시간에 아이들을 데리고 가는 것이 원칙이다. 이것만 봐도 알 수 있지 않을까?

슬럼덩크를 본 이후

아들의 수술과 회복을 기다리면서 한국에서 아들과 7개월을 머무는 동안 우리는 함께 슬럼덩크를 봤다. 슬럼덩크는 내가 20살 때 소년챔프의 부록에서 조금씩 실리기 시작한 농구만화이다. 굳이 설명하지 않아도 이 글을 읽는 모든 사람들이 알지 않을까? 도대체 나는 이 만화를 몇 번이나 봤을까? 20번은 넘게 보지 않았을까? 책의 대사 하나하나가 20살의 나의 마음을 울렸다.

수술 전 마지막 학기, 학교에서 농구에 대한 좋지 못한 추억이 있는 아들에게 농구가 재밌고 즐겁다는 것을 가르쳐주고 싶었다. 디즈니 플러스 채널에서 보여준 아주 오래된 슬럼덩크 비디오였지만 아들이 농구를 좋아하게 하기에는 부족함이 없었다. 난 송태섭 캐릭터를 더 좋아하지만 아들은 역시 강백호를 좋아했다. 너무 많은 주옥 같은 대사가 있다. 잊어버리기에는 우리들의 가슴에 너무 깊이 새겨진.

정대만: "선생님, 농구가 하고 싶어요."
강백호: "영감님의 영광의 시대는 언제였나요? 난 지금입니다."
안감독님: "마지막까지 희망을 버려선 안 돼,
　　　　　단념하면 그때 시합은 끝나는거야."

가끔씩 내가 이런 대사들을 읊을 때면 아내는 어이없다는 표정으로 "그게 기억이 나?" 하며 나를 바라본다. 그런데 어쩌겠는가. 나의 마음 한편에 살아 있는 슬럼덩크를…. 주원이에게도 강백호의 우스꽝스러운 캐릭터가 너무 좋았나보다. 그리고 오늘 아침 우리는 다시 농구장으로 갔다.

비록 존재감은 없지만 삶은 행복해

첫 골의 경험

오늘 아들이 첫 골을 넣었다. 나도 놀라고 아들도 놀랐다. 아직도 첫 골을 넣고 놀란 아들의 얼굴이 생생하다. 기념사진도 찍었다. 아들은 휴학 전 친구들보다 2살가량 어렸다. 너무 일찍 학교를 갔다. 그래서 운동할 때 너무 치였다. 남미 아이들이 어릴 때 성장이 빨라서 체격 차이는 더 컸고 다른 아이들은 빠른데 자신은 느려서 늘 속상해했다.

축구를 할 때면 자기는 수비가 좋다며 애써 공격을 하지 못하는 실력을 감추며 말했다. 축구를 할 때면 늘 "중원의 지휘자"였던 아빠로서 마음이 너무 아팠다.

농구도 그랬다. 슛이 늘 골대에 닿지 않았다. 그래서 자기는 농구보다 축구가 좋고 요즘은 야구가 좋다고 나에게 얘기한다. 야구가 좋은 이유는 야구는 에콰도르에서 비교가 되지 않기 때문이다. 에콰도르에서는 야구를 하는 사람이 없다.

오늘 아들에게 다시 한번 차근차근 가르치기 시작했다. 두 손을 균형있게 잡고 무릎을 내리고 무릎으로 뛰면서 같이 손을 뻗어 슛을 하는 거라고.

그래도 여전히 농구공은 골대에 닿지 않았다. 몇 번을 반복했을까? 그러던 어느 순간 "철렁" 골인이 되었다. "와!" 함께 소리를 질렀다. 주원이의 첫 골이었다.

　안 감독님이 슬램덩크에서 정대만에게 말했다. "마지막까지 희망을 버려선 안 돼, 단념하면 그때 시합은 끝나는거야."

　아들 주원이에게 말해주고 싶다. 아직 많은 시간이 있다고. 포기하지 말라고. 운동도 충분히 다른 친구들처럼 잘할 수 있다고. 오늘의 첫 골이, 첫 골의 경험이 주원이의 삶의 자신감이라는 발판으로 기억이 되었으면 좋겠다. 그렇게 아빠도 자라왔으니까….
　그렇게 우리는 자라가니까…. 사랑한다 주원아.

　예수는 지혜와 키가 자라가며 하나님과 사람에게 더욱 사랑스러워 가시더라

누가복음 2:52

비록 존재감은 없지만 삶은 행복해

소망교회

예수님을
만나는 곳

목사는 성도들을 통해서 자란다

나는 에콰도르에서 14년째 소망교회의 목사로 섬기고 있다. 얼마나 많은 이야기가 있을까? 현지어를 잘 못하는 한국 선교사가 에콰도르 사람들을 위한 교회를 시작한다고 했으니, 얼마나 현지인 성도들도 답답하고 어려웠을까?

몇 년 전 우리교회(소망교회) 루신다 자매가 나에게 그렇게 말했다. 처음 6개월 동안 무슨 말을 하는지 하나도 알 수가 없었다고….

그리고 가족 모두가 크게 웃었다.

처음 소망교회는 어린이 사역으로 시작이 되었다. 매주 토요일 오전 50~60명의 아이들이 왔는데 나는 늘 간식비로 20불이상을 지출했다. 하루는 교사로 섬기던 까리나 자매가 간식비가 너무 많다며, 8불이면 된다고 하였다. 나 같은 외국인 선교사가 교회에 쓰는 씀씀이는 현지인들이 보기에는 불편해 보였나 보다.

사실 소망교회는 우리 가정이 개척한 교회는 아니다. 먼저 교회를 시작한 분이 있었다. 그러나 1년 후 철수를 하셔서 우리 가정이 맡게 되었다. 교회를 맡았을 때 제일 두려웠던 것은 당시 암에 걸렸던 마리아니따 자매가 하나님의 부름을 받을까봐 겁이 났다. 말도 못하는 선교사가 뒷감당을 할 자신이 없었기 때문이다. 그리고 암과의 싸움을 어떻게 도와야 할지도 고민이었다. 말을 못해서….

그래서 내가 결정한 것은 매주 마리아니따 집을 방문하고 함께 성경을 읽고 기도해주는 것이었다. 팬데믹 전까지 매주 그렇게 했으니 거의 8년을 그렇게 마리아니따와 함께 했나 보다. 하나님의 은혜로 암은 완치되었고(병원에서 치료도 열심히 받았다) 그의 남편 후안은 교회의 장로가 되었다. 마리아니따는 나를 너무 사랑하고 여전히 어머니의 눈으로 나를 바라보며 나를 위해 기도해주는 귀한 성도가 되었다.

단지를 살린 성령님의 음성

지난 주일, 차리또 자매가 딸 단지의 15살 생일 축하 기도를 부탁했다. 에콰도르에서 여자들에게 15살은 성인식만큼 중요한 의미를 가진다. 나는 기쁘게 단지를 위해 기도를 했다. 단지와는 특별한 추억이 있다. 에콰도르에 와서 첫 야외 예배를 갔을 때 일이다. 부활절 세례식 후 수영장에 빠져서 허우적거리던 단지를 내가 건져내었다. 모두 단지가 노는 줄 알았다고 했다. 단지가 세 살 때 일이었다.

사실 나는 다른 곳으로 가려고 했는데 성령님이 내게 말씀하셨다.

"수영장을 떠나지 마…."

희미하게 그러나 너무 선명하게 들린 그 말씀 때문에 나는 수영장 주위를 돌았다. 그리고 물에 빠진 단지를 건져내었다.

지금도 나는 아내와 이야기한다. "난 단지를 구하고 소망교회에서 해야 할 일은 다 했어." 만약 단지가 어렵게 되었다면 소망교회는 어떻게 되었을까?

그 일로 차리또 가정은 교회에 더 잘 정착하게 되었고 흑인 가정들이 정착하는데 큰 도움을 주었다. 사실 지금 성도들의 반 이상은 흑인들이다. 흑인들은 정착을 잘 못하고 늘 왔다 갔다 했는데 이제

교회의 가장 중요한 그룹이 되었다. 은혜이다.

단지를 통한 축복이다. 이 글을 쓰며 생각해보니 그렇다.

소망교회는 예수님을 기다린다

소망교회를 스페인어로 읽을 때는 "라 이글레시아 에스빼란사(La iglesia esperanza)" 라고 읽는다. 스페인어로 에스빼란사(Esperanza)는 소망이란 뜻이다. 이 소망은 사람을 기다린다는 뜻의 동사 "Esperar"에서 왔다.

소망교회는 사람들을 기다린다.

소망교회는 예수님의 다시 오심을 기다린다.

소망교회는 건물도 없고 창고 같은 작은 공간에서 예배를 드린다.

그렇지만 하나님을 알고 싶어하는 이웃을 기다린다.

그 기다림 속에서 사람들은 예수님을 만나고 있다.

그렇게 오늘도 우리는 예수님을 기다리며 복음이 필요한 사람들을 기다린다.

> 그러므로 내 사랑하는 형제들아 견실하며 흔들리지 말고 항상 주의 일에 더욱 힘쓰는 자들이 되라 이는 너희 수고가 주 안에서 헛되지 않은 줄 앎이다
>
> 고전 15:58

비록 존재감은 없지만 삶은 행복해

반지

하나의
증거일 뿐

넌 왜 반지를 끼지 않니?

나는 지금 콜롬비아에 있다. 남미 타문화권 선교사 훈련을 위한 교육에 관한 모임에 참석하고 있다. 늘 첫 모임에 가지는 시간처럼 자기소개 시간을 가졌다.

한 선교사가 나에게 "너 아직 결혼 안했니?" 라고 물었다. 사실 뜬금없는 질문 같아서 대답을 안하고 잠시 다른 선교사들의 모습을 살펴봤다. 너무 심각하게 나를 보고 있었다. 그래서 "아니, 나 결혼했어. 18살 딸과 11살 아들이 있고 한 명의 여왕을 모시고 살아." 라고 유쾌하게 대답을 했다.

그런데 그는 다시 한번 뜬금없이 "그런데 넌 왜 반지를 끼지 않니?" 라고 물었다.

그래서 나는 "꼭 반지를 껴야 돼?" 라며 되물었다. 동시에 모인 사람들의 손을 봤는데 모두 반지를 끼고 있었다. 깜짝 놀랐다. 다시 내가 물었다. "왜 반지를 끼고 있어, 모두?" 나보다 나이가 많은 사람도 적은 사람도 모두 반지를 끼고 있었기 때문이다. 대답은 너무 단순했다.

"우리들은 다 결혼했으니까!" 라고 대답했다.

그래서 다시 내가 물었다. "그러니까, 결혼했는데 왜 반지를 굳이 끼고 있냐고?"

함께 모인 남미 선교사들이 나를 의아하게 바라보았다.

왜 반지를 끼는가?

남미 선교사들이 나에게 물었다. "너는 반지가 있니?" 나는 "어, 있어. 그런데 끼고 다니지는 않아. 집에 보관해." 이 말을 듣고 우리들은 서로 다른 문화의 차이를 발견했다.

남미 사람들은 밖에 나가거나 특히 중요한 모임에는 꼭 반지를 끼고 나간다고 한다. 자신들이 결혼한 사람들임을 보여야 하기 때문이라고 했다.

그런데 나는 결혼을 했기 때문에 굳이 반지를 끼지 않는다고 했다. 서로 반지에 대한 다른 생각이 평행선을 이루어 만나지 못하고 있었다.

남미 사람들에게 반지는 다른 사람들에게 자신이 기혼자 혹은 남자친구 또는 여자친구가 있다는 증거를 보여주는 중요한 표현의 방법이라고 했다.

나만 그런 걸까? 나에게 반지는 아내와 내가 약속한 사랑의 증표이다. 누군가에게 보여주는 것이 중요한 것이 아니다. 물론 나의 아내 역시 반지나 목걸이를 좋아할 것이다. 그렇지만 나에게 결혼반지나 약혼반지는 서로에게 중요한 신뢰의 표시이지 다른 사람들에게 보여주기 위한 증표는 아니다.

그래서 나는 동료 남미 선교사들에게 말했다.

"내 생각에는 당신들이 반지를 꼭 껴야 한다고 말하지만, 그것은 서로에 대한 신뢰가 부족한 증거인 것 같아."

서로를 신뢰한다면 굳이 반지로 자신이 결혼한 사람임을 표현할 필요가 없다고 생각하기 때문이다.

그리고 나는 핸드폰의 배경사진에 있는 딸과 아들의 사진을 보여주었다. "내가 반지를 끼지 않아도 사람들은 내가 폰을 만질 때 결혼한 사람임을 알 수 있어."라고 말했다.

그랬더니 남미 선교사들이 막 웃었다. 사실 귀찮아서 반지를 끼지 않는 것도 있지만, 더 중요한 것은 아내와 내가 서로를 신뢰하고 있다는 것이다.

사랑은 표현이 필요하다

반지의 의미는 무엇일까? 누군가에게는 결혼의 증표이고 누군가에게는 둘만의 약속이고 누군가에게는 바라는 선물이고 누군가에게는 남자친구와 여자친구가 있다는 증거일 것이다.

나에게 반지는 아내와의 약속이다. 결혼하기 전이었으니, 20년이 넘은 것 같다. 오래된 차를 팔고 남은 돈의 일부로 아내에게 줄 커플링을 샀다. 나에게는 결혼반지보다 더 소중한 의미이다. 커플링을 주면서 나는 아내와 결혼할 생각을 했기 때문이다. 비록 작은 것이었지만 나와 아내에게 약속하고 싶었다. '최선을 다 하겠다고.'

이번 모임에 나와 같은 조에 속한 선교사들이 계속 나에게 올해 결혼 20주년 기념일에는 꼭 반지를 선물하라고 권했다. 그래서 결혼 20주면 반지를 선물해야겠다고 다짐했다. 다시 한번 아내와 나를 위해 두 자녀를 위해 다짐하는 멋진 남자가 되어야겠다. 반지를 통해서….

시간이 지나고 20주년 결혼 기념일이 되었다. 가족이 함께 점심을 먹고 집으로 가려는 순간, 나는 어색하게 아내에게 물었다.

"반지 하나 할래?" 난 참 멋이 없다.

아내도 "아냐, 됐어." 라며 어색한 표정으로 대답했다. 나의 어색한 걸음이 집으로 향할 순간, 막내 주원이가 내 손과 엄마의 손을 잡으면서 나에게 말했다.

"아빠, 엄마는 목걸이가 하고 하고 싶대요!"

아들의 도움으로 아내에게 목걸이를 선물하며 아름다운 결혼 20주년 기념일을 마무리했다. 아들에게 그리고 아들을 부추긴 딸에게 다시 한번 고맙다. 그리고 20년을 곁에 있어 준 아내에게 고맙다.

여호와께서 집을 세우지 아니하시면 세우는 자의 수고가 헛되며 여호와께서 성을 지키지 아니하시면 파수꾼의 깨어 있음이 헛되도다

시편 127:1

노력

포기하지
않는 것

젊은이들 그리고 요란함

일주일간의 콜롬비아 여정이 끝났다. 세미나를 마친 남미의 선교사들은 자신들의 나라로 돌아갔지만 밖은 여전히 소란스럽다. 나는 비행 일정 때문에 하루 더 머물고 있기에 요란한 젊은이들의 소리를 듣는다. 여기는 콜롬비아의 리오네그로(검은 강) 라는 작은 마을의 수양관이다.

　우리의 일정은 끝났지만 여기는 많은 사람이 수련회를 위해 계

비록 존재감은 없지만 삶은 행복해

속 들어 온다. 특히 가톨릭 교회의 청소년들, 청년들이 계속해서 들어온다. 그래서 가톨릭 교회의 열심을 본다. 노력을 본다. 다음 세대를 위해 포기하지 않고 노력하는 것을 본다.

사실 나 역시 그 "노력" 때문에 이곳에 있다. 계속해서 선교사로 사역하고 싶고 변화를 준비하고 싶고 어떤 모양이라도 기여하고 싶어서 "노력"한다. 그런데 때때로 모든 것이 힘에 부친다. 포기하지 않으려는 것이 힘에 부친다.

누구를 위한 노력인가?

"누구를 위한 노력이 되어야 할까?" 이 질문이 가장 원초적인 물음이 되어야 할 것이다. 나를 위한 노력인가? 가정을 위한 노력인가? 하나님의 나라를 위한 노력인가? 나는 "하나님의 나라를 위한 노력이 되어야 할 것"이라고 말하고 싶다.

모든 그리스도인은 하나님의 나라를 위한 노력을 멈추지 말아야 한다.

그 노력을 평가해주는 사람은 실수할 수 있어도 하나님은 다 알고 계시고 우리의 중심을 기뻐하신다. 그냥 우리는 묵묵히 노력해야 한다. 그냥 하는 것이다.

파도를 거스를 때까지. 파도를 거스르는 것을 어려운 일이지만 파도를 타기 위해서는 파도를 거스리는 시간이 필요하다.

한국교회는 거친 파도를 거슬러야 하는 시간을 맞이하고 있다. 어쩌면 아주 오랜 시간이 될 수도 있을 것 같다. 그렇지만 하나님은 우리들의 묵묵한 노력을 기다리고 계실 것이다.

콜롬비아 지역교회 목회자들과 이야기를 했다. 서구 기독교와 한국 기독교는 남미의 기독교를 기대하고 부흥을 말하지만, 남미 교회들 역시 어려움이 많다고 했다. 콜롬비아 목회자들의 솔직한 고백은 부흥으로 보이지만 정체되고 젊은이들이 교회를 떠나고 있다고 했다. 세대 간의 소통도 어렵다고 했다. 한국교회가 가졌던 어려움의 시작점에 서 있는 것 같았다. 그런 고민을 나에게 나누어 주었다.

파나마에서 온 젊은 선교사들을 만났다. 우리 세대 목회자들과의 협력의 어려움에 대해 들었다. 소통이 어렵고 교회 사역에 대해 비전을 정확하게 이야기하지 않으면서 젊은이들이 당연히 교회를 섬겨야 된다고 말하는 것이 자신들을 어렵게 한다고 했다.

카모엘이란 친구는 나와 대화를 많이 하고 싶어했다. 나는 카모엘의 모습 속에서 20대 나의 모습을 보았다. 두렵고 막연하고 도와줄 사람이 필요해 보였다. 남미의 선교사들이, 목회자들이, 젊은 세대들이 이번 세미나에 온 것은 그들 나름대로의 고민에서 시작된 노력이었다고 본다.

나 역시 그렇다. 포기하고 싶지 않으니까…

노력이라는 숙제

난 조심성이 많다. 그래서 낯선 곳에 잘 가지 않는다. 그런데 선교훈련을 받았던 콜롬비아 선교사 후보생들과 저녁 약속이 있어서 낯선 식당에 갔다. Crepes & Waffles 식당이다. 이 식당은 아이를 둔 싱글 여성들을 우선 채용해서 일을 할 수 있게 한다. 그래서 종업원이 모두 여자이다. 싱글 맘들이다. 1980년대 초 콜롬비아 보고타에 싱글 맘들의 일자리를 위해 처음 식당이 생겼고 지금은 콜롬비아에만 170개가 넘는 체인이 생겼다.

식사를 하면서 살펴보니 일하시는 모든 여성들의 얼굴에는 큰 기쁨이 있었고 종업원들도 정해진 시간에 식사를 하며 일하는 모습을 볼 수 있었다. 남미는 싱글 맘들이 많은 곳이다. 그들에게 일자리를 구하는 것은 하늘의 별 따기만큼 어려운 일인데 이 식당을 시작한 두 명의 대학생들을 통해 많은 싱글 맘들이 혜택을 받고 있다.

Crepes & Waffles 식당에서 우리 일행은 즐거운 수다를 떨었다. 훈련을 받았지만 아직 선교지로 나가기에 어려움이 많다는 얘기도, 지난 시간의 얘기도, 그냥 많이 먹고 즐거운 시간을 보냈다. 그렇지만 그중 한 명은 올해 9월 캄보디아로 간다고 하였다. 그리고 나머지 동료들이 후원을 한다고 하였다.

그들의 "노력"이었다. 그들의 포기하지 않는 노력이었다. 비록 모두가 나가지 못하지만 함께 노력하고 있었다. 하나님 나라를 위해서.

내가 힘들 때, 내려놓고 싶을 때, 젊은 남미 선교사 후보생들은 나의 손을 늘 잡아준다. 직접 잡아주지는 않지만, 도전이라는 손으로 나를 다시 세워준다. 그래서 남미에 있는 것이 너무 감사하다.

파도를 헤쳐가야 할 시간을 하나님이 우리에게 주셨다. 숙제로 주셨다. 그 파도를 헤쳐가기 위해 "노력"이라는 노를 우리에게 주셨다. 모든 나라 모든 교회들에게 주셨다. 모든 대륙의 시작점이 있는 곳은 파도가 도달하는 곳이다. 지금은 파도를 헤쳐가야 할 시간이다. 함께 파도를 넘자. 그리고 때가 이르면 하나님의 선하심이 온 세상을 덮을 것이다.

> 주께서 말을 타시고 바다 곧 큰 물의 파도를 밟으셨나이다
>
> 하박국 3:15

예준성 선교사

사랑하는 아내 고상희 선교사와 두 자녀 수아, 주원이와 함께 가정을 이루고 있다.
사랑하는 어머니 그리고 모교회인 부산 안락교회를 통해서 믿음의 뿌리를 내렸다.
아세아 연합신학대학원(M. Div)을 졸업 후 한국선교훈련원(GMTC)에서 훈련을 받고
2011년부터 한국해외선교회(GMF) 산하 개척선교회(GMP)소속 선교사로
라틴 아메리카지역 에콰도르에서 사역하고 있다.
선교지에서 현지인 교회를 개척하고 CORRIENTES MISIONERAS 선교훈련원에서
남미 선교사 후보생들을 돕고 가르치는 사역을 하고 있다.
한국글로벌 리더십연구원(KGLI)에서 선교학을 공부하고 있다.

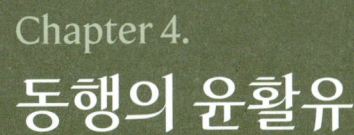

Chapter 4.
동행의 윤활유

32 **적응** _ 정착의 반의어

33 **삶** _ 다시 가보니 보이는 것들

34 **장남과 막내딸** _ 같은 위상

35 **시골** _ 풍요의 고향

36 **사진** _ 우리의 이야기

37 **연합** _ 상대가 완전히 이해하지 않아도 가능한 것

38 **기대** _ 버려야 진정한 사랑을 할 수 있는

39 **화해** _ 뜻하지 않게 찾아온

40 **자기부인과 자기실현** _ 사실은 같은 말

적응
정착의 반의어

적응은 풍성한 경험을 하게 하고, 정착은 떠나지 못하게 한다. 뜨내기, 떠돌이 같은 말이 부정적인 의미로 사용되는 걸 보면 우리에게는 정착에 대한 긍정적인 생각이 있어 보인다.

아버지의 정착지

내 아버지는 태어난 집에서 80년 넘게 살았다. 집과 농지를 목숨처럼 지켰다. 아버지의 삶은 고향마을과 그 인근에 있는 읍, 면에서 떠나본 적이 없었다. 그야말로 정착적인 삶을 살았다. 지금은 요양병원에서 지내느라 평생 떠나지 않을 것 같던 고향 집을 떠나 있다.

언제까지나 있을 것 같던 아버지가 떠나자 우리 형제들은 고향 집에 더 이상 가지 않게 되었다. 긴 시간 우리 가족의 보금자리로 온갖 추억들로 가득하지만 찾아갈 이유가 없어져 버렸다. 그렇게 아버지의 정착지는 순식간에 추억의 장소가 되었다.

아버지는 요양병원에서 나름 잘 적응하여 오히려 집보다 더 편하게 지내고 있다. 자녀들이 가까이에 있어 자주 만날 수 있게 되었고, 고향 집에는 없던 친구들이 생겼기 때문이다. 전 같으면 객지의 삶은 상상할 수 없을 일이다.

정착지를 떠나 새로운 곳으로

아버지와 마찬가지로 나도 가능하면 한곳에 오래 머물기를 좋아한다. 그런데 2013년 선교사 훈련원에 들어가려고 오래 살았던 집을 아주 떠나야 했었다. 마지막 현관문을 나가려던 순간의 기억이 지금도 선명하다. 잠시 동안 도저히 나갈 수 없어 서성거렸다. 저 문을 나가면 이제 더는 이 집으로 들어올 수 없게 된다는 생각과 정착을 기약할 수 없는 삶의 첫걸음이라는 생각이 주체할 수 없는 깊고 복잡한 감정을 불러 일으켰다. 기도가 간절할 수밖에 없었다.

감정을 추스르고 문을 나선 이후로 지금까지 11년간 정착을 버리고 적응과 생존을 위한 시간을 보냈다. 때로는 훈련원에서, 때로는 학교 기숙사에서, 선교관에서, 매번 낯선 도시에서 새로운 상황을 맞아야 했다.

캄보디아 프놈펜의 한 마을인 벙뚬뿐에서는 5년간 살았다. 그 시간은 생존과 사역을 위한 시간이었다. 삶이 생존만을 의미하는 것이 아니라면 5년간의 시간을 '삶'이었다고 할 수가 있을까? 오로지 사역을 위하여 생존하고 적응했다. 1기 사역 5년 동안 우리 부부는 매우 긴장되어 있었고 치열했다.

모든 곳이 적응지가 되다

5년 뒤 돌아간 한국의 부산은 아름다움에 눈이 부실 지경이었다. 특히, 내가 지내야 했던 해운대 바다 인근은 더 휘황찬란했다. 눈부신 바다와 고층의 건물 사이로 해변 산책로가 있었다. 기찻길을 따라가며 예쁜 정원을 만들고 그 사이로 또 다른 산책길을 만들어 놓았다. 수영강변과 광안리 해변에도 공원과 산책길이 조성되어 있었다. 언제 어디를 가도 질리지 않는 아름다운 산책길들이었다. 매일 걸어도 새로웠다. 봄에는 벚꽃과 개나리가 만발했고 여름엔 신록과 수국이, 가을에는 단풍이, 겨울에는 매화와 동백꽃이 피었다.

당면한 현실의 일들을 대응하며 틈틈이 해마다 철마다 쏜살같이 지나가는 아름다운 날들을 아쉬워하며 놓치지 않으려고 서두르며 다 보낸 듯하다. 한 계절에 적응했다 싶으면 또 다른 계절이 와 있었다.

3년 반을 반복하다가 캄보디아 프놈펜으로 다시 돌아왔다. 4계절의 파노라마는 끝이 났다. 프놈펜은 여전했다. 공항에 도착하여 차를 타고 시내를 달릴 때 오랜만에 보인 시내의 광경이 반가웠지만 아름다웠던 부산이 아직도 내 머릿속에 가득 차 있었다. 몇 시간 전만 해도 부산에 있었다는 사실이 다시 돌아갈 수 있을 것만 같은 느낌과 맞닿아 있었다. 초록의 나무와 다채로운 색깔의 꽃들이 있지만 잿빛이 어디에나 드리워져 있어 보이는 프놈펜! 때 묻은, 낡은, 먼지로 뒤덮인 거대한 도시 속으로 다시 들어왔다는 유쾌하지만은 않은 현실을 받아들여야만 했다.

그래도 8년 전 처음 왔을 때와 비교하면 엄청나게 빠른 속도로 적응이 되었다. 2주 정도가 지나자 몸이 먼저 적응되었다. 잠시 땀을 흘리고 나면 에어컨과 선풍기가 없어도 더위가 그런대로 편해졌다. 몸이 편해지니 마음에도 여유가 찾아왔다.

시장 상인들과 만나고 착한 가격의 채소와 과일들에 기분이 좋아졌다. 식당에서 마을 사람들과 꾸이띠유(쌀국수) 한 그릇 먹으며 몇 마디 나누게 되자 이내 즐거움이 밀려들었다. 자세히 들여다보면 그럭저럭 쓸 만한 물건들이 있고, 입에 맞는 음식들이 있고, 정들 만한 사람들이 있었다. 그것들을 찾고 맛보고 마주할 때 사람 사는 기쁨이 느껴졌다.

일 년 내내 어제나 오늘이나 변함없을 주변 환경에 딱히 준비할 것들이 없다 보니 여유가 있을 수밖에 없다. 부산에서 여름 한 철 서너 달 지내는 것을 여기서는 1년, 아니 끝도 없이 지내다 보니 오히려 부산에서보다도 더 여유로워지고 편하기까지 하다.

쨍하고, 화창하고, 맑고, 밝고, 먼지 쌓이는 것을 두고 못 보는 깔끔한 부산에서는 도저히 찾을 수 없는 것들이 있다. 처음 이곳에 와서 치열하게 사역을 위해 생존하며 삶을 송두리째 잊고 살았던 5년의 시간이 지금의 적응을 있게 한다. 3년간의 부산 생활이 지금 여기의 의미를 되새기게 한다.

오래 살던 집을 나서던 그 날의 발걸음 이후, 세상은 온통 적응지로 바뀌었다. 한 곳에 오래 머물러야 한다는 막연한 본능 같은 것이 깨어지고, 다채로운 경험들로 채워졌다. 이 땅의 삶은 정착만 하고 살기에는 너무나 많은 다양한 좋은 것들이 있음을 알게 되었다. 나는 정착을 떠나 적응을 선택한 것에 후회가 없다.

내가 너와 함께 있어 네가 어디로 가든지 너를 지키며 너를 이끌어 이

땅으로 돌아오게 할지라 내가 네게 허락한 것을 다 이루기까지 너를 떠나지 아니하리라 하신지라

창 28:15

비록 존재감은 없지만 삶은 행복해

삶

다시 가보니
보이는 것들

써이 아저씨네 가족

써이 아저씨는 64가구가 사는 공동주택을 지키는 경비이자 온갖 고장을 고치는 기술자이다. 아내와 남매 4가족이 주차장 한편 오두막에서 기거한다. 오두막이라고 하지만 집을 건축할 때 인부들이 잠시 지내기 위해 지붕을 얹고 얼기설기 바람만 막은 헛간 같은 곳이다. 그곳에서 거의 10년을 살고 있다. 그는 시골에서 프놈펜으로 와서 건설일을 하며 돈을 벌고 있었다.

써이 아저씨를 처음 만난 것은 우리가 그 집으로 이사를 가면서부터였다. 그는 폴 폿 시절에 부모를 모두 잃고 홀로 서양선교사의 돌봄을 받고 자라며 예수를 믿었고 교회를 다녔다. 그러나 불신의 아내와 결혼하면서 오랫동안 교회에 나가지 않고 있었다. 슬하에 남매가 있는데 시골에서 장모와 함께 살고 있다고 했다.

우리는 그의 가족이 모여 살 수 있게 해 달라고 주님께 기도드렸다. 잠시 후 그의 아내가 왔고 몇 달 후 남매가 왔다. 4가족이 함께 모여 살게 되었다. 우리는 기도 응답인 줄 알고 기뻐하며 그 가정에 관심을 가지며 계속 기도했다.

그런데 고향에 잠시 갔던 그는 교통사고로 왼쪽 팔을 다쳐서 돌아왔다. 돈이 없어서 수술을 할 수가 없다고 했다. 우리는 한국의사들이 단기사역을 하러 올 때에 맞춰 그를 데려가 수술을 받게 했다. 수술이 잘 되어 완치를 간절히 바랐지만 상처는 다 아물었는데 신경이 연결되지 않아 움직이지 못하는 불구가 되어 버렸다.

불구가 된 한 팔을 가지고는 건설 일을 할 수가 없어 있던 곳에서 경비를 보며 간단한 수리와 공동주택 전체를 관리하는 일을 맡아 하게 되었다. 우리는 십 대였던 그의 자녀 2명에게 캄보디아어 성경을 가르쳤다. 그의 딸은 쏘니, 아들은 짠이다.

함께 했던 아이들

이사하고 1년쯤 지나 우리 집 거실 한편을 아이들의 공부방으로 오픈 했다. 나의 첫 사역의 시작이었다. 아이들은 학교가 마치면 가방을 든 채 달려왔다. 그 모습이 너무도 예뻐 보였다. 그들은 캄보디아어 읽기가 나만큼이나 서툴렀다. 우리는 성경으로 함께 캄보디아어를 공부했다.

쏘니와 짠은 다른 아이들과 다름없이 처음에는 천진난만하고 순수하고 사랑스럽기만 했다. 조금 편해지는가 싶더니 화가 나면 서로 때리며 붙어 싸우고 아무리 말을 해도 듣지 않는 야생마 같은 모습을 자주 드러내곤 했다.

짠은 내가 담은 김치를 유난히 좋아했다. 어느 날은 아이들과 함께 밤늦게까지 성탄절 준비를 하고 있었는데 출출해졌는지 짠이 자기는 밥을 가져올 테니 나더러는 김치를 가져 오라고 했다. 나는 김치통을, 짠은 밥통을 통째로 들고 왔다. 우리는 밥통과 김치통을 놓고 꿀맛 같은 야식을 즐겼.

그때 함께 공부했던 아이 중에 '쏘반나 리웃이 있었다. 근처의 구멍가게 집 아이였다. 제법 부유한 가정형편이었고 아버지가 미국에서 일을 하고 있었다. 늘 아버지가 미국으로 자신을 데려갈 것이라고 말하곤 했다. 리웃은 공부를 제법 잘했고 진지한 질문도 한 번씩 하곤 했다. 어느 날은 엄마가 우리 공부방에 가지 말라고 했다며 몇 번 오지 않았지만 간혹 엄마 몰래 한 번씩 나타나곤 했다.

또 한 아이는 뽄르였다. 덩치가 제일 큰 남자아이였다. 항상 얼굴에는 장난기가 어려 있었다. 동생을 시도 때도 없이 때리는가 하면 다른 아이들에게 장난을 쳐 분위기가 아수라장이 되는 일이 허다했다. 여러 가지 일로 힘들게 했지만 착하고 순진한 면이 보여 인내하며 기다렸었다.

그의 동생은 린다였다. 자세히 보면 아주 예쁘고 귀여운 생김새인 린다는 사진 찍기를 좋아했는데 사진은 실물을 다 담지 못한 채 시꺼멓게 나와 나를 안타깝게 했다.

그리고 초롱초롱한 눈빛의 위 볼이다. 아이들 중에 가장 똑똑한 아이였다. 기억력과 집중력이 탁월했다. 설교말씀을 기억하고 있다는 것을 확인하고 얼마나 대견했는지 모른다.

위 볼의 부모는 이혼하고 각자 지방에서 재혼하여 새로운 가정을 이루고 살고 있었다. 위 볼은 갓난아기 때부터 할머니가 맡아서 키우고 있었다. 위 볼은 자기 형제가 몇 명인지 모른다. 할머니는 하반신 마비 장애인 아들도 돌보고 있었다. 한번은 휠체어를 태워서 주일학교에 데리고 온 적이 있었다. 그의 집 마당은 항상 중고 신발 보따리들이 쌓여 있었다. 삼촌들이 그것들을 밤에 내다 팔곤 했다. 간혹 위 볼도 그들과 함께 야시장 신발 파는 곳에 가 있곤 했다.

빛나리와 강산이는 아빠가 한국인이었다. 그래도 한국말을 전혀 하지 못했다. 엄마는 시장에서 옷가게를 운영했다. 착하고 예쁜 나리와 귀여운 강산이! 나리는 항상 먼저 와서 다른 아이들을 기다리곤 했었다.

쏘니와 짠, 뽄르와 린다, 쏘반나 리웃, 위 볼, 빛나리와 강산이 8명은 처음에는 거의 매일을 만났고 그 이후 1주에 세 번을 만났다. 비 온 뒤 역류한 하수구물에서 수영을 하길래 자주 수영장으로 데리고 다녔다. 깨끗한 물에서 수영하고 놀고 준비해간 간식을 맛있게 먹으며 즐거워하던 아이들의 모습이 보기 좋았다. 간혹 뻔히 보이는 거짓말도 하고 함부로 때리고 싸우기도 하고 남의 물건을 훔치기도 해 실망을 안겨주었지만 함께 모일 수 있어서 좋았다. 우리는 언제까지나 그렇게 지낼 수 있을 줄 알았다.

먼저 그곳을 떠난 것은 뽄르네였다. 그 무렵 장기 대출로 집을 사고 매월 갚아가는 사람들이 많이 생겼는데 뽄르네도 그렇게 집을 사서 이사했다. 그 다음은 나리네 집이었다. 나리 네도 그렇게 집을 사서 이사를 갔다. 두 집과 함께 네 명의 아이들이 떠났다. 또 새로운 아이들이 왔지만 처음 4명의 아이들의 빈자리는 메꿔지지 않았다. 우리 가정도 잠깐 떠났다가 다시 돌아가려 했다. 그러나 우리 계획대로 되지 않았다.

다시 가 본 그곳

3년 반이 지나서야 다시 그곳을 갈 수 있었다. 제일 먼저 지나가는 곳은 위 볼의 집이다. 위 볼 네도 이사를 한 듯 아주 달라져 있었다. 위 볼의 할머니와 삼촌은 코로나에 무사할까? 어디로 이사를 했을까?

그 다음은 쏘반나 리웃의 구멍가게이다. 쏘반나 리웃의 할머니가 가게를 보고 있었다. 3년 전의 모습 그대로였다. 반갑게 맞아주는 할머니를 만나니 어제 본 듯 친근했다. 쏘반나 리웃은 엄마와 함께 미국으로 갔다고 했다. 작년에 아버지가 와서 모두 데려갔단다. 리웃이 늘 말하던 대로 되었다. 참 잘된 일이다. 미국에서 예수 그리스도를 알게 되면 좋겠다.

써이 아저씨의 오두막에 갔다. 그대로였다. 너무 반가웠다. 짠은 마을에 놀러 가고 쏘니는 일 하러 가고 없었다. 그런데 써이의 아내 쌈씨나가 어린 사내아이를 안고 있었고, 쏘니의 아들이라고 했다. 아이의 아버지는 도망쳐 버렸다고 했다. 아! 우려하던 현실이 내 눈앞에 펼쳐지는구나! 싫었다. 1년 전 한국에 있을 때 페이스북을 통해 쏘니의 근황을 보았고 위험함을 느끼고 장문의 우려의 글을 보냈는데 친구 차단을 했는지 그 이후의 소식은 볼 수가 없었다. 이제 십대인데 벌써 이런 일을 겪는 쏘니는 앞으로 어떻게 살아갈까? 써이 아저씨의 심정은 어떨까? 희망을 가지고 아이들을 키우지 않았

비록 존재감은 없지만 삶은 행복해

을까? 십 년을 이 오두막에서 지냈는데 형편이 조금도 풀릴 기미가 보이지 않아 보였다.

그곳에 아직 살고 있는 분을 더 만났다. 우리를 기억하며 반갑게 맞아 주었다. 낮 시간이라 그런지 아이들은 보이지 않았고 어른들 몇몇만을 만나고 돌아왔다.

이제사 보이는 것들

사실 우리는 쎄이 아저씨의 팔이 낫기를 간절히 기도했었지만 나았으면 어디든 갔을 것이 분명하다. 안타깝지만 힘없이 떨어뜨려진 그의 팔이 우리를 그곳에서 계속 만나게 하고 있다. 처음 그를 만났을 때부터 그를 위해 기도하고 그의 자녀들을 만나고 우리는 적지 않은 시간을 함께 보며 지냈다. 다시 또 마주대하니 주께서 만나게 하시고 우리 안에서 행하실 일이 있을 것만 같다.

5년간의 시간을 보낸 골목길! 수도 없이 오가던 골목길이었다. 특히 매주 토요일이면 시장까지 걸어가고 모또 돕(오토바이 택시)에 짐을 싣고 돌아오곤 했었다. 3년 반 만에 다시 간 그곳에는 정들었던 장소들과 때로는 행복했고 때로는 눈물짓고 마음 아파하던 기억들이 있었다. 나를 기억하고 반겨주는 사람들이 있었다. 나는 생존하며 사역하기에만 급급했던 시절로 기억했지만 저들과 함께 했던 삶이 소복이 담겨 있었다.

다시 적응하며

이제 다시 적응의 시간을 보내고 있다. 당연히 1기의 삶과 사역을 돌아보게 된다. 그 때는 보이지 않았던 것들이 보이고, 그때가 있었기에 가능해진 여유로움을 누린다. 계속해서 만나야 할 사람들을 찾아갈 일이 나를 설레게 한다.

처음과는 달리 이곳에 아는 사람들이 있음에 더 이상 물 설고 낯설은 타향 객지가 아니다. 어느덧 이곳도 정붙이고 살만한 곳이 되었다. 주께서 이 모든 것을 아시고 다시 열어 가실 일이 기대된다.

장남과 막내딸
같은 위상

정반대 풍습

우리나라는 옛날에 며느리를 자기 집에 들이고, 딸은 다른 집으로 보냈다. 캄보디아는 반대로 사위를 들이고 아들은 보낸다. 농사를 짓는 집은 큰 일꾼 한 명을 보내야 하므로 타격이 크지 않을 수 없지만, 사위를 들이면 되니 나름 괜찮다. 근데 혹여 딸이 없는 집이라면 큰 낭패다. 자연히 딸을 낳으려고들 한다. 막내딸이 부모를 끝까지 책임지므로 재산을 막내딸에게 물려준다. 캄보디아의 시골에는 이 풍습이 지금도 지켜지고 있다.

한편으로는 우리나라의 풍습보다 훨씬 합리적으로 보인다. 딸이 부모에게 하는 행동이 아들이 하는 것과 매우 다른 경우가 많기 때문이다. 장성한 아들은 부모에게 무관심한 경우가 많은데 비해 딸은 부모를 더 생각하고 세심하게 돌봐주는 경우가 많다. 우리나라에서 어른들은 장래를 위해 딸 하나는 꼭 낳으라고들 한다. 이런 딸이 부모 곁에 있으면서 남편을 데려오면, 부모에게도 좋고 딸은 차별받지 않아 좋지 않을까? 싶다.

어쨌든 둘 다 남의 집에서 사는 것인데 아내가 있고 남편이 있어도 불편하기는 매한가지일 것이다. 남편이 처가에서 사는 것과 아내가 시가에서 사는 것은 어떻게 다를까? 하도 여자들이 시집와서 구박받는 얘기들을 많이 듣고 지내서인지 남자가 장가가서 어떻게 사는지가 몹시 궁금했다.

처가살이

얼마 전 캄보디아의 시골에 다녀왔다. 첫 번째 사역 시 우리 부부와 성경공부를 하고 예수를 영접한 청년이다. 그는 우리가 안식년 들어가기 직전에 결혼했다. 이번에 가니 처갓집에서 살고 있은 지 4년이 되었다고 했다.

비록 존재감은 없지만 삶은 행복해

그의 아내는 9형제 중 막내딸이었다. 장모 되는 분과 처형들 4명, 사위 2명이 우리에게 인사를 건넸다. 형제들이 근처에 다 살고 있어 그의 집에 수시로 드나들고 있었다. 우리로 치자면 시누들이 전부 집 근처에 있는 셈이다. 많은 시누와 함께하는 시집살이가 어떠할 지는 익히 알고 있는지라 그의 처가살이가 그와 비슷할까? 염려되었다. 그가 제일 어린 막내 사위에 키도 몸집도 제일 작아 보이지만 마지막까지 부모님을 책임질 사람이므로 구박을 받지는 않겠지! 이런 저런 생각이 떠올랐다.

집에 자주 가느냐는 우리의 질문에 그는 '본가가 10km 밖에 떨어져 있지 않지만 명절에나 한 번씩 다녀온다.' 고 대답하며 잠시 근심 어린 표정을 보이는가 싶더니 이내 씩 웃어 보였다. 4년이나 떠나 살면서 연로한 부모님 생각뿐 아니라 집안 형편도 신경이 쓰였을 것이다.

그의 아내는 자신의 남편을 만나러 가는 우리를 위해 식사 준비를 해 두고 기다렸다. 외진 시골에서 구경하기 어려워 보이는 요리들과 구하기 어려웠을 우유와 식빵을 내왔다. 얼마나 지극정성으로 준비했는지를 한 눈에 알 수가 있었다.

낯선 외국인 손님들을 구경하러 언니들과 식구들이 모여들었다. 우리는 많은 어른과 아이들이 뚫어지게 쳐다 보고 있는 중에 식사를 했다. 문득 내가 어릴 적에 손님들에게 귀한 음식을 대접하면 손님이 먹는 것을 쳐다보며 군침을 삼켰었던 일이 떠올랐다.

　조금 먹고 많이 남겨야겠다는 생각을 알아채기라도 했는지 내 그릇에 음식을 가득가득 채워 주었다. 우리는 배불리 먹고 또 많이 남겼다. 잠시 이야기를 나누고 주변의 연꽃 밭으로 소풍을 갔다. 오래 잊지 못할 감동적인 소풍이었다. 그의 아내는 남편의 손님을 극진히 대접하고 함께 있어 주었다. 그도 행복해 보였다. 여기도 나름의 어려움이 왜 없겠나 만은, 우리의 며느리들이 시집살이하며 받는 구박 같은 것은 없는 듯 했다.

　처갓집을 돌보아야 할 막내 사위이지만 들어온 사위가 아니라 이 가정의 가장으로서 아이와 함께 행복한 믿음의 가정을 이루어 가기를 바라고 기도드린다.

고무나무와 딸들

우리는 오랫동안 보고 싶었고 어떻게 살고 있는지 궁금했던 소중한 한 가족과 단란한 한때를 함께 보내고 잠시의 이별을 했다. 먼 곳이지만 우리 사는 곳에도 오기로 굳게 약속을 했다. 그들이 그곳에 있음에, 우리는 이국땅인 이곳에 금세 정이 들어 버렸다. 데릴사위로 간 신랑은 4년간 그 집 식구가 다 된 것 같아 보였다.

　도로를 달리다 보니 어느 때부터인가 길 양 옆으로 고무나무 숲

비록 존재감은 없지만 삶은 행복해

이 펼쳐졌다. 끝이 나는가 하면 다시 이어지는 고무나무 농장은 그냥 보면 푸르고 싱그러운 나무숲이었다. 빠르게 달리는 차 창 밖으로 잘 맞춰진 줄을 따라 고무나무들이 마치 열병식 하는 군인들 같이 정연했다. 그런데 자세히 들여다보니 나무 둥치마다 상처가 나 있었다. 사람들이 작업하기 좋은 높이에 난 상처는 한 그루도 예외가 없었다. 나무는 평생 상처가 난 채로 살며 자신을 아낌없이 내어주겠지! 마치 우리네 딸들처럼……!

우리 살던 곳의 딸들은 남의 식구 될 사람이라고 차별을 당하는 것이 당연했다. 특히 장남은 자라는 동안에 받는 온갖 특별대우 외에도 부모의 재산은 의례히 자기 것이었다. 딸들은 오히려 돈을 벌어 땅이나 가재도구를 사드려야 하는 처지였다. 주는 부모와 받는 아들들의 생각이 같았다. 법은 모든 자식들에게 균등 배분이라고 해도 소용이 없다. 옛날 일 같지만 지금도 일어나고 있다.

지금 나는 아들과 딸에 대한 대접이 정반대인 곳에 와 있다. 이곳의 풍속을 우리 부모님께 말씀드리면 뭐라 하실까? 그간 당연한 듯이 차별하던 일을 잘못인 줄 깨달을까? 당신들이 가진 소중한 재산 한 줌이라도 딸들에게 나눠줄 마음이 생길까?

사람들이 세워놓고 옳다고 여겨온 사상이란 게 얼마나 어이없는 것인지를 몸으로 느끼는 중이다. 지금도 어이없기 그지없는 사상으로 인해 상처받은 딸들이 어디에도 위로 받지 못하고 억울함을 그대로 간직하고 살고 있다. 그 상처 때문에 또 다른 상처가 생기는 일도 비일비재하다. 마치 고무나무같이……!

　풍성한 만남 뒤에 찾아온 잠시의 복잡한 심경이었다. 어찌 되었건 돌아오는 길에 벌써 다시 만날 그들을 기대하게 되었다. 뜻깊은 여행이었다. 우리에게는 캄보디아 시골에 아는 사람들이 있다!

시골
풍요의 고향

건기 막바지

3월이 지나고 4월에 들어서자 불볕더위가 연일 이어진다. 체감온도 43도를 오르내리고 있다. 가만 앉아 있으면 땀이 차고 잠시 걸으면 땀이 흐른다. 하늘에 비구름은 보이지를 않으니 당연히 비는 한 방울도 내리지 않는다. 건기라도 예년에는 간혹 비가 한 번씩 내리기라도 했는데 올해는 단 한번을 내리지 않고 있다.

곧 캄보디아의 설을 지내고 한 보름정도 지나면 우기가 시작될 것이다. 일단 비라도 한번 쏟아지면 더위가 꺾일까 기대하고 있다. 오랜만에 와서 캄보디아 날씨를 새롭게 느끼며 처음보다 훨씬 지내기가 수월한데 이번 우기는 또 어떻게 느껴질지 궁금하다.

트나옷 나무와 사탕수수 쥬스

우리는 요즘 아무리 더워도 우기의 질퍽한 시골길보다는 낫겠지 하며 캄보디아의 시골에 다니고 있다. 만나야 할 사람들이 있기 때문이다. 사실 우기가 되면 한꺼번에 쏟아지는 엄청난 양의 물이 고이기 때문에 시골 비포장도로에 자동차가 빠지기 십상이다. 더워도 건기에 다니는 것이 훨씬 낫다.

오랜만에 캄보디아의 국도를 달렸다. 사방에 산이 하나도 없는 넓은 평야가 끝도 없이 펼쳐져 있었다. 키가 크고 예쁘장한 트나옷 나무가 곳곳에 우뚝 서 있었다. 트나옷 나무는 집 근처나 들에 서 있는데 허허벌판과 같은 넓은 평지에 무리를 짓기보다는 몇몇 그루가 서 있어 특이한 분위기를 만들어내곤 한다. 석양이 지는 때면 트나옷 나무로 인해 온갖 아름다운 풍경이 연출된다. 멀리 소들이 한가로이 풀을 뜯고 있는 모습도 보였다. 조금 남은 못의 물에는 오리떼들로 가득했다. 먼지로 소복이 쌓인 집들과 가게들도 지나갔다. 평화로운 시골 풍경이었다.

잠시 쉬어갈 겸 나무 밑에 내렸다. 마침 오토바이에 쥬스 짜는 기계를 싣고 다니며 사탕수수 쥬스를 만들어 파는 아저씨가 보였다. 뭐라도 사 먹을 수 있어 반가웠다. 한잔을 받아 나눠 마시며 잠시 쉬는데 사람들이 모여 들었다.

어느 나라 사람인지, 어디로 가는지, 캄보디아에 몇 년을 살았는지 이것저것을 물어 보기 시작했다. 처음 만났지만 금세 정이 든 것 같이 이야기를 나누며 서로 관심을 나누었다. 오랜만에 만난 고향의 아는 할머니, 아주머니, 아저씨 같았다. 늘 그렇듯이 이야기를 나누다보면 금방 시간이 흘러간다. 서둘러 떠나야 했다.

다시 출발하니 훨씬 원기가 회복되었다. 국도를 세 시간쯤 달려 비포장 흙길로 들어섰다. 차가 지나자 흙먼지가 자욱했다. 자전거 탄 아이들, 걸어가는 아이들, 집 앞에 있는 사람들 아니 집들에게도 흙먼지를 잔뜩 떠안기는 바람에 미안함이 한 가득이었다.

담장 없는 시골집

어느덧 아담한 한 마을에 도착했다. 지나가는 외지인을 흘끔흘끔 쳐다보는 시선들을 마주보며 마을 한 가운데 쯤으로 들어가 그를 만났다. 오랜만에 만난 우리는 서로 반가워하며 그간의 안부를 묻느라 바빴다. 잠시 후 집 안으로 안내를 해 주었다. 안방인 듯한 방

하나에만 타일로 바닥처리를 해 놓고 다른 공간은 전부 흙과 돌이어서 신발을 신고 다녀야 했다. 집주인이 쉬엄쉬엄 하고 있다는 내부공사 중이었다.

집을 통과해 뒷문으로 나가니 작은 마당이 있었다. 마당 언저리에는 커다란 망고나무들이 늘어서 있고 가운데에는 덤 롱 미 나무가 천막처럼 옹기종기 세워져 있었다. 바로 앞에 넓은 논들이 펼쳐져 있었다. 얼마 전에 추수를 마친 듯 시원하게 비워진 논에는 남겨진 벼의 뿌리에 싹이 나고 있었다. 우리는 망고나무 밑에 있는 돌의자와 식탁으로 가 앉았다. 나무 그늘 아래에서 넓은 들판을 보고 있자니 한결 시원해졌다.

잠시 있으니 어른들과 아이들이 모여들었다. 그러고 보니 집들에 대문이 없었다. 집과 집 사이에 담장도 없었다. 누구든지 들어올 수가 있게 되어있었다. 모두 가족, 친척들이겠거니 하며 웃음으로 인사를 건네니 미소로 화답해 주었다.

늘 무료할 만한 시골 생활에서 낯선 이방인들의 방문은 그들의 호기심을 자극하기에 충분했을 것이다. 비록 캄보디아어 구사 능력이 턱없이 부족했지만 우리는 열심히 이야기를 주고받았다. 좋은 사람들이었다.

비록 존재감은 없지만 삶은 행복해

시골인심

그곳을 떠날 때에는 이것저것 챙겨서 우리 차에 실어 주었다. 쌀이 한 자루, 바나나 한 가지 통째로, 연밥 한 봉지, 망고 가지 통째로……. 마치 우리네 부모님들이 자녀들이 떠날 때 바리바리 싸서 차에 실어 주는 것 같았다. 비록 나라는 달라도 애정 어린 몸짓은 같은가 보았다. 우리는 그렇게 큰 사랑을 받고 돌아왔다. 가슴 한가득 풍요로워진 시골 여행이었다.

그들과의 관계가 계속 유지되고 사랑을 주고받았으면 좋겠다. 우리가 줄 수 있는 가장 큰 사랑은 예수 그리스도의 복음인데 어떻게 그들에게 잘 전할 수 있을까? 시골 여행에서 돌아온 우리의 큰 숙제이다. 기도하며 주님을 의지하면 주께서 이끌어 주실 것을 믿는다. 주여! 저희가 서로 사랑하며 주님께로 나아가게 하소서!

사진
우리의 이야기

사진으로 보는 아들의 삶

컴퓨터에 저장되어있던 사진들을 정리했다. 사진을 들여다보며 15년 전까지 거슬러 올라갔다. 특히 사진 속의 아들이 생소하게 다가왔다. 태어난 날의 사진부터 최근까지의 사진이 고스란히 담겨 있었다.

　태어난 날 기저귀를 살짝 들어보는 할머니의 손이 찍혀있었다. 할머니의 표정이 어땠을까? 웃음이 나왔다. 작디작은 아이를 조

비록 존재감은 없지만 삶은 행복해

심스럽게 안고 있는 남편의 진지한 몸짓이 왜 이다지 눈물겨운지……. 사진 속 아들은 태어난 지 이틀, 사흘밖에 안 되었는데도 제법 다양한 표정들을 짓고 있었다.

요즘 아들은 사춘기에다 새 환경에 적응하느라 힘든 시기를 지내고 있다. 아들이 선교지로 가는 우리 부부와 함께 한국을 떠난 것은 7살 때였다. 아니 선교지로 떠나기 전에도 선교 훈련과 성경학교 등 여러 목적으로 거주지를 옮겨 다녔다. 그 바람에 아들은 유치원을 4번이나 옮겼다. 선교지에 와서도 초등학교 4학년까지 다니던 한국어 학교를 그만두고 영어학교로 옮겼다.

영어학교 등교 첫날을 사진에 담으며 나는 아들에게 웃음을 주문했다. 아들은 끝내 입술을 깨물며 잔뜩 긴장한 모습을 남기고는 출발했다. 전학한 첫 학기에 아들은 보나 마나 많이 힘들 것이었다. 그러나 적응하리라 여기며 시간을 보냈다. 나중에 한국 갔을 때 그때 아들의 불안감이 얼마나 컸던지를 알게 되었다.

첫 학기를 마치고 두 번째 학기가 시작될 즈음에 코로나 사태가 터졌다. 온라인 수업이 시작되고 아들은 매일을 제 방에서 컴퓨터와 함께 시간을 보냈다. 컴퓨터 게임과 채팅을 시작하기 딱 좋은 환경이 펼쳐졌다. 그러다가 우리는 안식년으로 한국으로 가게 되었다. 아들은 한국의 학교로 옮겼다. 코로나 팬데믹에다 친구들을 떠나 온라인으로만 만날 수 있게 되었으니 컴퓨터와의 생활이 더 열

렬해진 것은 당연한 일이었다.

3년 반 동안 한국에 있으면서 서울의 초등학교, 부산의 초등학교, 중학교로 옮겨 다녔다. 같은 학교에서도 학년이 바뀌면 아는 친구가 아무도 없는 일이 반복되었다. 매우 밝고 활달하던 아들은 말이 없고 학습 의욕을 찾아볼 수 없는 아이가 되어 버렸다. 최대한 등교시간에 맞춰 학교에 가고, 마치자마자 집으로 와서 자기 방에 들어가 문을 잠가 버렸다. 집에서도 말이 없어졌다.

3년 반이 지나 다시 캄보디아로 돌아왔다. 아들은 또다시 새로운 학교에 들어갔다. 한국에서 사귄 친구들과 점점 더 멀어지는 걸 느낄 때마다 현실을 부정하고 옛날로 돌아가고 싶어했다. 아들에게 유일한 재미는 게임과 친구들과의 문자교환이었다. 밤늦게까지 게임과 채팅을 하는 바람에 잠이 부족한 상황이 이어지곤 했다.

컴퓨터와 폰 규제

아들이 하루는 조퇴하고 집으로 왔다. 얼굴이 창백하고 핼쑥해 보였다. 체육 시간에 장거리 달리기를 하다가 갑자기 구역질이 나고 잠이 쏟아지고 죽을 것만 같아 양호실에 가서 자다가 조퇴를 했단다.

"엄마! 달리기하다가 이런 건 처음이에요. 달리기하다가 잠이 쏟아질 수도 있다는 걸 처음 알았어요. 죽을 수도 있다는 생각이 들었어요!"

낮고 굵어진 목소리로 놀라운 발견이라도 한 듯이 여태껏 없던 긴말을 늘어놓았다. 아들이 몸이 아프다는데도 오랜만에 듣는 아들의 긴 이야기가 반가웠다. 하지만 이내 서둘러 이것저것을 챙겨 허기진 배를 채우게 하고 곧 방으로 들어갈 것 같아 서둘러 최대한 똑똑히 말을 했다.

"아니 그걸 그동안 모르고 있었단 말이야? 엄마가 얼마나 자주 말했어? 거 봐! 말한대로 됐잖아. 앞으로도 계속 잠 안자고 게임, 채팅 할거야?"

이때가 기회다 싶어 냅다 쏘아 붙였다.

아들은 "네…"하고서는 힘없이 자기 방으로 들어가 저녁까지 누워있었다. 이틀이나 지났을까? 언제 그랬냐는 듯 다시 전의 습관으로 돌아가려고 했다. 이러다 큰일 나겠다 싶었던 우리는 고민 끝에 남편이 방법을 찾아냈다.

'밤 9시 반에 컴퓨터와 스마트폰을 내어 주고 10시에는 취침을 한다!'

이것이 아들과 협의하여 세운 규칙이었다. 아들은 자기 스스로 시간을 통제할 수 없음을 인정하고 아빠의 도움을 받아들이는 듯했다. 이틀 뒤부터 아들은 슬슬 시간을 어기기 시작했다. 아빠가 제 방에 가서 여러 번 말을 해야 겨우 내어놓았다. 10분, 20분, 30분…….

점점 지연되었다. 주말에는 컴퓨터와 폰 사용 시간을 늘려야 한다고 강력하게 주장하기까지 했다.

이곳 청소년 예배는 토요일과 주일 아침에 일찍 드려지는 터라 주말이라고 시간을 늘릴 수가 없는데도 아들은 아랑곳하지 않았다. 남편은 아들의 마음을 헤아려 시간을 늘려 주었다. 아니나 다를까 아들은 주말 아침 수차례 깨워야 겨우 일어났다.

급기야 남편은 더 강한 규칙을 내놓았다. '약속한 시간에서 10분 지연하기를 이틀 연속하면 다음날 집에 오자마자 컴퓨터와 휴대폰을 금지한다!'는 것이었다. 컴퓨터와 휴대폰을 놓고 아빠와 아들은 적지 않은 분노와 불쾌감과 슬픔 등 온갖 감정들을 느끼며 어려운 시간을 보내고 있다.

지나친 게임과 채팅 외에도 학교공부, 친구관계, 신앙생활 등 여러 가지 일로 남편은 자주 따끔하게 야단을 치곤했다. 아들은 간혹 눈물을 흘릴 때도 있었고, 짧게 변명하는 말을 하기는 했지만 대부분 고개를 푹 숙이고 들으며 끝나면 바로 자기 방으로 들어가 버리곤 했다. 우리는 사춘기라서 그러려니 하며 시간이 지나면 나아지겠지 했다.

여행 속 우리

한국에서의 안식년 막바지 즈음이었다. 우리 가족은 여러 우여곡절 끝에 앞으로의 행보에 대해 윤곽이 분명해진 시점에 마지막 가족여행을 가기로 했다. 가야 할 필요성에 대해 여러 번 말했지만 아들은 끝끝내 가고 싶어 하지 않았다. 남편이 강하게 밀어붙여 겨우 가게 되었고, 아들은 여행 내내 핸드폰에서 눈을 떼지 않았다.

2박 3일의 여행 동안 아들은 아들대로 남편은 또 남편대로 속이 상해 있었다. 그때 찍은 사진 속 아들의 표정은 깊은 불만이 그대로 드러나 있다. 사진 속 남편의 표정도 어둡기 그지없다. 우리의 기분을 아는 듯 여행 내내 비바람이 몰아쳤다. 그럼에도 남도 특유의 분위기는 잊을 수 없는 향수를 불러일으키기에 충분했다.

이제 돌아보니 그 여행이 안식년 한국 생활의 마무리였다. 여행에서 돌아온 뒤부터 선교지로 돌아갈 준비를 본격적으로 했었다. 안타까움과 진한 향수로 뒤섞인 가족여행의 사진과 함께 그 무렵의 사진들 속에는 아들과 남편 그리고 내가 어떤 힘든 시간들을 보냈는지 우리만 아는 이야기가 고스란히 담겨 있다. 여행을 다녀온 뒤 얼마 지나지 않아 우리는 한국을 떠났다.

사진 효과

아빠와 아들의 관계는 선교지 재적응이라는 큰 숙제 뒤에 잠겨 있었다. 그런 상태로 요즘의 '컴퓨터와 휴대폰의 규제' 사건이 펼쳐진 것이다. 위태로운 관계 위에 강력한 규제가 부자간의 관계를 더 나쁘게 하지는 않을까? 라는 우려가 떠나지 않는다. 그야말로 살얼음판을 걷는 기분이다. 그 분위기를 조금 깨뜨려 보고자 방법을 찾던 중 사진 정리를 하게 된 것이었다.

사진을 정리하며 갓난아기였던 아들, 장난꾸러기 유년 시절의 마냥 즐거웠던 아들의 모습을 보았다. 그때의 기억이 사진을 따라 차 올라왔다. 잊혀져 있던 아들의 사랑스럽고 다정했던 모습들이 이내 가슴을 따뜻하게 했다. 웃음이 절로 나오고, 사랑스럽게 사진 속의 아이를 보며, 내 마음도 많이 상해 있었음을 알았고, 어느덧 회복되고 있었다.

나는 몇몇 사진을 아들의 폰으로 보냈다. 지금의 대립하는 너만이 아니고 아빠에게 안기고 아빠 다리 뒤에 꼬옥 숨기도 하고, 장난치며 즐거워하던 너와 아빠였지 않았냐는 뜻에서다. 아들은 조금이지만 반응을 보였다. 나는 더 나아가 거실 벽에 사진 몇 장을 붙였다. 식사 시간에 모이면 그 사진 이야기를 했다. 우리의 풍성한 이야기들이 사진 속에 들어 있었다. 아들이 혼자가 아니라는 사실을 깊이 느꼈으면 좋겠다.

지금의 아들의 어려운 시절은 반드시 지나갈 것이다. 힘든 만큼 성장한다고 했던가? 부모라고 하지만 아들의 어려움을 조금도 덜어 줄 수 없이 옆에서 지켜볼 수밖에 없다. 오히려 해야 할 것들을 계속 주문하고 있다. 하지 않는다고 나무라고 있다.

  아들이 커서 이때를 뭐라고 할지는 모르겠고, 지금 보이는 대로 부모된 입장으로 키운다고 키우고 있다. 어려움이 짙게 깔린 지금의 시간을 보내며 그래도 즐거운 시간을 갖게 하려 이런저런 시도를 하며 사진에 남긴다. 이다음에 또 지금의 사진들을 꺼내 보며 그때 그랬노라고, 잘 극복해 내었노라고, 함께여서 감사하고 사랑하노라고 할 수 있음 좋겠다.

  요즘도 아들은 사진 찍는 것을 싫어하지만 나는 사진을 찍고 앨범을 만들기도 하고 있다. 언제든 현재를 사느라 지난 일을 대부분 잊겠지만, 지난 일들이 현재를 있게 하고, 더 깊고 풍성한 우리들의 이야기가 될 것이기 때문이다. 사진을 찍어 두는 건 그 풍성한 이야기로 우리 됨을 기억하게 하는 것이다.

연합

완전히 이해하지 않아도 가능한 것

입을 닫으니 그제서야 마음이 지켜지기 시작했다

요즘 캄보디아는 건기의 막바지이다.

 곧 비가 올 것이라는 기대감에 차 있으니 여전히 쨍쨍한 햇볕에 인내의 한계가 턱까지 차오르곤 한다. 이제 더 이상 참을 수 없을 것 같은 때가 자주 있다. 우리는 일기예보와 하늘을 수시로 쳐다보며 '조금만 더 참자!' 를 반복하고 있다.

 끝날 것 같지 않은 더위도 여전하지만 우리의 사역 준비도 변함

비록 존재감은 없지만 삶은 행복해

이 없어 보인다. 토요일 아침, 잠에서 깨어나자마자 기다린 듯 찾아오는 생각들, '이번 주도 그냥 지나갔구나!, 우리 사역은 언제나 시작하려나?, 이러다가 시작도 못하고 시간만 보내는 거 아니야?, 이러려고 여기에 왔나? 등등등.

평소에는 생각만 하고 기도하며 기분을 추스르고 자리에서 일어나는데 그날은 입에서 말이 나오고 말았다. "여보! 우리 언제 본격적으로 사역 시작해요? 매일 이렇게 지내니 멘탈이 붕괴될 것 같아요!" 딱 한 마디였다.

남편은 기다렸다는 듯 줄 대포를 쏘아댔다. "열심히 준비하고 있잖아. 내가 노는 줄 알아? 당신 그 조급함 때문에 내가 못 살겠어! 당신 정 그러면 당장 다음 주부터 시작합시다!"

나의 한마디가 도화선이라도 된 듯 연발로 쏟아 내었다. 나는 더 이상 아무 말도 하지 않았다.

준비가 되어야 발동이 걸리는 남편의 성향을 너무 잘 알기에 기쁨을 잃지 않고 기다리기로 굳게 결단을 하고 다시 사역지로 온 터였다. 내 나름 기다리고 인내하였는데 말 한마디에 조금도 기다려주지 않는 마누라로 내몰리고 말았다. 내 마음을 조금도 몰라주는 것 같은 순간이었다.

옛날 같으면 그간 어렵게 인내하며 어려웠던 내 입장을 상세히 늘어놓았을 것이다. 그러면 남편이 또 받아서 더 길게 이야기를 하게 되고, 그럴수록 나는 더 화가 날 것이고, 서로 화가 난 채 끝이 나는 그런 수순이 되풀이 되었을 것이다. 그러나 이번엔 더 이상 말을 하지 않았다. 한 마디만으로 내 생각이 이미 충분히 전달이 된 것이었다. 남편의 연발된 말들은 자기도 이미 본격적인 사역 시작을 간절히 기다리고 있음을 의미하는 것이었다.

내 감정들은 그대로 내 안에 머물러 있었다. 남편에게 내 감정을 나타내려 하지 않은 대신 나 자신이 내 감정을 들여다보았다. 억울함, 분함, 비난, 절망감, 무력함, 무가치함, 열등감 등 여러 복잡한 감정들이 뒤엉켜 있었다. 이 모든 것을 남편이 다 이해해야 하는가? 불가능한 것이다. 그럼에도 나는 남편이 나를 충분히 이해하고 받아주어야 한다고 생각해 왔었다.

나는 잠시 감정에 휘말렸지만 곧 헤어 나올 수가 있었다. 잠시였지만 너무나도 속기 쉬운 강한 감정들의 늪 속에서 침묵을 유지하는 데 성공했다. 남편은 웃음기 없는 얼굴로 하루를 보냈다. 다른 많은 일이 우리를 가만 놔두지 않았다. 그러나 내가 입을 닫고 있으니 남편도 무슨 생각을 하는지 아무런 말을 하지 않았다.

다음날은 주일이었다. 주일 예배 중에 '우리 부부의 연합을 통해 하나님께서 하실 일이 있다.'는 메시지가 들렸다. 나는 감사의 눈물을 흘리며 찬양하며 기도를 드렸다. 옆에 앉은 남편도 조용히 눈물을 훔치는 듯했다.

도서관 회원증

며칠 뒤 남편이 우리 두 명 모두의 도서관 회원증을 발급해 왔다. 남편이 내게 물어보려고 수차례 전화를 했지만 내가 전화를 받지 않아 그냥 발급을 해 버렸다. 뜬금없이 도서관 회원증을 비싸게 발급받아 온 남편에게 바로 취소할 것을 요구했다. 도서관에 전화를 해서 하나를 취소하려 했지만 불가능했다.

그런데 다음날 남편은 회원증이 이미 발급되었으니 최대한 활용하여 본격적으로 사역준비에 집중하자고 제안했다. 사실 사역준비의 대부분은 캄보디아어 익히기이다. 나는 진심으로 동의했다. 실수로 발급한 회원증으로 말미암아 우리의 사역의 준비가 본격적으로 시작되었고 가던 첫날 우연히 귀한 만남도 이루어졌다.

만약 그때 내가 한마디로 끝나지 않고 감정에 휩싸여 여러 말로 응대했다면 수일간 아무것도 하지 못하고 낙심하며 보냈을 것이다. 도서관 회원증 발급은 약간 삐걱거리기는 했지만 입 닫기 실천의 결실로 연합을 향해 한 발 내디딘 일 같이 여겨졌다.

어느새 와 있는 연합

얼마 전까지만 해도 나는 '남편이 나를 이해해주어야 한다'는 원칙을 가지고 있었다. 이해 받기 위해 많은 설명을 하곤 했다. 설명을 할수록 남편의 반응은 엉뚱한 곳으로 터졌다. 나는 남편이 나를 이해해 줄 때까지 참고 기다리는 쪽을 선택했었다. 남편이 이해해 줄 일들은 켜켜이 쌓여만 갔고 우리 사이의 벽은 점점 더 견고해졌다.

그런데 어떤 일을 통해 남편이 나를 이해해줄 수 없음과, 남편은 남편이지 내가 원하는 그 사람이 아님을 알게 되었다. 이 당연한 것을 함께 산 지 십수 년이 지나서야 알았다.

이해를 구하며 했던 많은 말들은 남편의 마음뿐 아니라 나의 마음을 얼마나 무너뜨렸던가? 이제사 내 욕심을 포기하고 입을 닫을 줄 알게 되니 갈갈이 찢겨있던 마음들이 조금씩 제자리로 돌아오고 아물 날 없던 생채기에 회복의 딱지가 덮였다.

입을 닫고 귀를 여니 불가능할 것 같던 연합이 바로 옆에 와 있었다.

> 무릇 지킬만한 것보다 더욱 네 마음을 지키라 생명의 근원이 이에서 남이니라 (잠언 4:23)

기대

버려야
진정한 사랑을 할 수 있는

기대를 받으면

"당신에게 거는 기대가 큽니다." 라는 말에 어떤 이는 자신의 능력을 인정받아서 기분이 좋아 더욱 힘을 내어 열심히 기대에 부응하려고 하는 사람이 있다. 반면에 어떤 이는 자기 능력 이상의 기대에 부담을 느끼고 스트레스를 받는다. "당신에게 거는 기대가 없습니다." 라는 말에는 어떤가? 어떤 이는 자존심이 상하고 어떤 이는 오히려 속 편하다고 여긴다.

우리는 태어나면서부터 우리가 속한 사회 안에서 이런저런 기대를 안고 살아간다. 그 기대에 부응하기 위해 애쓰기도 하고 부응하지 못해 실망하기도 한다.

나 자신에 대한 기대

나는 항상 나 자신이 특별한 존재라고 여기고 있었음을 우연히 알았다. '난 너와는 달라!' 란 생각이 늘 들어있었다는 것을……. 그뿐만 아니라 무슨 일이든 할 수 있을 것 같은 자신감이 있었다. 그건 나에 대한 나 자신의 기대 때문이었다. 하고 싶은 일들, 만나고 싶은 현지인들, 온갖 구상들로 늘 머리가 복잡했다. 무엇이든 시작하면 할 수 있을 것만 같았다. 그러나 실행할 수 있었던 것은 그동안 해오던 일뿐이었다. 선교지에서 어눌한 언어로 겨우 소통하는데다가 나이가 들어가니 더욱 나 자신이 고작 이런 존재밖에 아니구나! 라는 자각을 수없이 반복하게 되었다.

막연한 기대들이 하나씩 하나씩 정체를 분명히 드러내며 힘없이 스러지기를 몇 번씩 반복하고 나서 아무것도 할 수 없을 것 같은 내가 남았다. 마치 들키지 않으려고 잔뜩 웅크리고 있었던 속이 적나라하게 드러났을 때와 같이 깊은 수치심과 실망감 속에 휩싸이게 되었다. 그러나 겉은 여전히 멀쩡한 선교사였다.

조하리의 창

조하리의 창(Johari's Window)은 미국의 심리학자인 조셉 루프트(Joseph Luft)와 해리 잉햄(Harry Ingham)이 1955년에 발표한 한 논문에 개재한 이론이다. 간단하게 말하면 인간관계 속에서 자신이 처한 상태를 분석한 것이다. 4개의 창으로 나뉘는데 첫째는 열린 창으로써 자신과 타인이 다 아는 부분이다. 둘째는 보이지 않는 창으로 타인은 아는데 자신은 모르는 부분이다. 셋째는 숨겨진 창으로 자신은 알지만 타인은 모르는 부분이다. 마지막으로 미지의 창이 있는데 자신도 타인도 모르는 부분이다.

    자신이 아는 부분과 타인이 아는 부분인 열린 창의 부분이 많을수록 자신을 있는 그대로 표현하며 살아가고 있음을 보여준다. 반면에 타인이 아는 내가 다를수록 즉, 보이지 않는 창의 부분이 많을수록 자신을 있는 그대로 표현하며 살지 않았음을 보여준다. 예를 들어 타인이 나의 능력을 실제보다 높게 평가하고 기대한다고 하면 실제의 자신과의 거리감은 크게 된다. 그 타인과의 관계 속에서 진정한 나로 살아가기보다 타인의 기대에 맞추며 살아가면 위선에 빠질 수 있게 된다. 자신만 알고 타인이 모르는 부분 즉, 숨겨진 창의 부분이 많으면 타인들은 그 사람에 대해 호기심을 갖게 될 것이다.

    타인이 나의 모든 것을 알 수는 없을 것이다. 자신에 대해서도 모르는데 타인이 어떻게 다 알 수 있겠는가? 다만 자신과 타인이 아는 부분이 많을수록 자유로워지지 않을까?

미지의 창

나의 경우로 다시 돌아가 보면 나 자신이 생각했던 나와는 달리 내가 무능하다는 사실을 직면하면서 실망하고, 자책하고, 수치스럽기도 했다. 시간이 지날수록 이런 나 자신을 받아들일 수밖에 없었다. 포기와 내려놓음을 반복하면서 나 자신에 대한 기대가 무너졌다. 절망했다.

　그렇다고 소망이 사라진 것은 아니었다. 나도, 타인도 모르는 미지의 창이 있기 때문이었다. 조하리의 창에서도 언급하는 미지의 창, 자신도 타인도 모르는 부분은 오직 하나님께서 아시는 부분이지 않을까? 생명이 이어지는 이상 끊임없이 변화되고 성장하는 부분이기도 하지 않겠는가? 언제나 가능성이 존재하는, 누구도 감히 함부로 단정해버릴 수 없는 부분이지 않겠는가? 그러므로 참된 소망이 있지 않겠는가?

비록 존재감은 없지만 삶은 행복해

사랑을 가로막는 기대

남편은 결혼할 때 믿음이 좋고 사역도 잘할 것 같고 남편으로서도 자상하고 가정적이고 모범적일 것 같았다. 결혼한 뒤에 기대했던 모습과는 사뭇 다른 모습에 실망하기를 반복했다. 내가 생각했던 그는 내 착각에 불과했다. 내 기대와는 너무 다른 모습을 확인할 때마다 설마 했고 결국에는 인정해야만 했다.

이제 17년이 지나면서 처음의 기대와 착각은 많이 무너졌지만, 여전히 어느 부분에 대해서는 기대가 살아 숨 쉬며 실망을 뿜어내곤 한다. 자식은 믿음 좋고 공부도 잘하고 친구도 잘 사귀기를 바란다. 그 기대에 부응하지 않아 속이 상하기 일쑤다. 내가 남편이나 아들에게 가장 속상할 때는 어김없이 실망할 때이다.

나 자신에게 하듯이 남편과 자녀에게도 막연한 기대를 버리고, 있는 그대로의 모습으로 수용하고 존중하면 어떻게 될까? 남편은 그가 할 수 있는 만큼만, 자녀도 그가 할 수 있는 만큼만으로도 그대로 사랑하게 되면 어떨까? 이것이 진정한 사랑이지 않을까?

하루에도 수천수만 번 돌아가는 생각들을 십자가에 못 박고 주님 손잡고 이끄시는 대로 따라 가야겠다고 다짐한다. 이제까지 내 모습 이대로 받으시고 여기까지 이끄신 주님처럼 나 또한 다른 사람들을 있는 모습 그대로를 사랑해야겠다.

화해

뜻하지 않게
찾아 온

내 편 아닌 남편

남편은 교회 싱글 청년부의 여자 청년들에게 인기가 아주 많은 신랑감이었다. 성실하고 착하고 믿음 좋고 대기업 직원에 조카를 귀여워하고 효심도 지극하였으니 어디 나무랄 데가 없는 신랑감이라고 해도 과언이 아니었다. 나도 청년부 리더들의 엠티에서 그를 보기는 했지만 관심을 갖지 않았다. 나의 가장 친한 친구의 관심 대상

비록 존재감은 없지만 삶은 행복해

정도로 지냈다. 어느 제자훈련 과정에서 함께 섬기는 역할을 하게 되어 통성명을 했고, 이런저런 일을 통해 더 가까워지더니 결혼까지 하게 되었다.

결혼하기 전 남편은 나의 모든 이야기를 귀 기울여 들어주고 마음을 다해 대답을 해 주었다. 나에 관한 모든 일이 궁금한 듯 물어봐 주고 흥미로워했다. 결혼하고 나서도 내게 남편은 세상의 그 어떤 사람보다 나를 이해해 주고 받아주는 항상 내 편인 사람인 줄 알았다. 그런데 가끔 내가 어떤 사람 때문에 어렵다고 하면 내 어려움을 이해하고 위로해 주기보다 상대편을 변명하며 이해시키려 했다. 어떤 때는 상대편 앞에서 나를 나무라기까지 하여 한바탕 다툼이 일어나기도 했다.

시댁 식구들과의 관계에서는 항상 시댁 식구의 편에서 나를 이해시키려고 애썼다. 아무리 나의 어려움에 대해 이야기를 해도, 급기야 잔뜩 화를 내기까지 하는데도 그럴수록 열심히 시댁 식구의 입장을 설명하였다. 계속 반복되니 남편은 시댁 식구 편에 서 있는 사람이 되어버렸다. 내가 힘들다고 말을 할수록 나와 시댁 식구들과 남편과는 점점 더 멀어져 갔다. 남편은 조금도 내 입장을 이해하려고 하지 않아 보였다. 항상 시댁 식구들의 입장을 이해하면 힘들지 않을 거라고만 했다. 세상 그 어디서도 속상한 마음을 풀 길이 없어 주님께 울며 쏟아놓곤 했다. 긴 시간 동안 아무리 말을 해도 다툼만 될 뿐 변화의 기미는 좀처럼 보이지 않았다.

남편에겐 너무나 특별했던 어머니

사실 남편은 어머니에 대해서는 특별한 마음을 가지고 있었다. 어머니는 홀로이다시피 자식들을 키워 주셨기 때문이었다. 항상 어머니의 은혜를 갚을 길이 없다며 어떻게 하든 어머니를 기쁘게 해 주기 위해 애를 쓰는 장남이었다. 자신의 모든 것 뿐 아니라 아내의 모든 것으로도 어머니를 섬기고 싶어 했다. 남편은 아내가 자신과 같은 마음일 것이라고, 아니 같은 마음이어야 한다고 생각했다. 내 입장에서는 천부당만부당한 생각이었다. 나는 부모님과는 정이 없어도 아주 없는 딸이었으므로 남편의 부모 생각이 매우 지나치다고 여겼다.

   장기 선교사가 되기 위해 여러 가지 훈련과정을 거쳐야 했던 우리는 결혼하고 얼마 되지 않아 둘 다 직장을 그만두었다. 훈련이 끝나면 곧 떠나야 한다는 생각에 결혼할 때부터 살림살이를 거의 장만하지 않았고, 수입원이 끊겼으므로 늘 근검절약하는 생활을 해야 했다.

   곧 떠날 줄 알았던 우리는 달이 가고 해가 바뀌어도 떠날 기약이 없었고 아이가 태어나면서 선교사로 나갈지도 불투명해진 상황이 되었다. 그럼에도 남편의 어머니 섬김은 변함이 없었다. 오히려 언제 떠날지도 모르니 더 자주 만나고 더 섬기려고 했다. 더군다나 장남으로서 어머니를 모시지 못하고 동생이 모셔야 했으므로 동생네까지 챙겼다. 나는 그렇게까지 해야 한다는 것이 받아들여지지 않았지만 남편의 뜻에 따를 수밖에 없었다. 남편은 나의 마음을 조금도 이해하려 하지 않고 오히려 당연히 그렇게 해야 하는 것을 가지고 불평한다고 하였다.

결국 우리는 7년이라는 시간을 보내고 나서야 선교지로 떠날 수 있었다. 선교지의 상황에 맞닥뜨리자 시댁과의 일에 대해서는 까맣게 잊어버렸다. 적응하며 사역에 몰두하느라 다른 것들을 떠올릴 시간이 없었다.

안식년과 어머니 모시기

선교지에서 5년을 지냈을 무렵 어머니가 요양원에 입소했다는 소식을 듣고 남편은 마음이 편하지 않아 보였다. 그때 마침 안식년 본국 사역을 할 시점이 되어 한국으로 귀국하면서 어머니를 모실 결심을 했다. 안식년이 반쯤 지나고 겨울의 끝 무렵 어머니가 요양원에서 넘어지는 사고를 당하여 병원에 입원했고, 우리가 묵던 선교관으로 퇴원을 하면서 함께 지내기 시작했다.

당시 어머니는 중증 치매에 두 눈이 실명 상태였고 항상 누워있어야 했다. 목소리만 정상이었다. 자식들 이름을 겨우 기억하는 어머니, 그것마저 조금씩 희미해져 가는 중이었다. 밤과 낮이 구분이 안 되고 섬망 증상이 심해져 언제든 소리를 지르고 아들을 불렀다. 쉼 없이 아들을 부르고 잠시도 떨어져 있는 것을 용납하지 않았다. 대답하지 않으면 소리를 더 크게 지르니 달려가지 않을 수 없었다. 밤이고 낮이고 남편은 불려 다녔다. 자다가도 벌떡벌떡 일어나 가기를 반복하니 잠을 제대로 잘 수가 없어 늘 지쳐 있었다. 가장 힘들었던 것은 밤에 끊임없이 소리를 지르는 것이었다. 선교관이 아파트라 층간 소음에 이웃에게 해를 끼치는 것 때문에 너무 신경이 쓰였다. 개인 주택이라도 찾아보자고 다녀보았지만, 마땅히 들어갈 만 한 집을 찾을 수가 없었다.

요양 보호사가 낮에 어머니를 돌봐주었다. 그 시간은 우리가 좀 쉴 수 있기를 기대했지만 같은 공간에 문 하나를 사이에 두고 있어 어머니를 돌보는 데에 요양 보호사가 한 사람 더 추가된 데 불과했다. 어쩌다 보니 우리 가정의 모든 일이 어머니를 중심으로 흘러가게 되었다. 여러 계절이 바뀌고 남편과 나는 지칠 대로 지쳤고 인내의 바닥을 드러내고 있었다.

겨울이 시작될 즈음 어머니는 그렇게 부르던 아들의 이름도 겨우겨우 기억할 정도가 되었다. 음식을 씹어 삼키는 것도 잊고 입에 물고만 있곤 했다. 남편은 몇 날 며칠을 고민하며 하루에도 몇 번씩 뒤집으며 요양원 입소를 결정했다. 어머니를 요양원에 모시고 한 달쯤 뒤 우리 가족은 선교관에서 떠났다. 선교관은 우리 가족과 어머니를 위해 준비된 곳이었다.

　우리 가족은 선교관에서 어머니와 함께 겨울, 봄, 여름, 가을을 한 번씩 지냈다. 계절 따라 변하는 주변의 자연경관은 너무나 아름다웠다. 봄에는 매실을 따 매실청을 담았다. 선교관 주변의 아름드리 벚나무들의 꽃 잔치로 대궐이 되었다. 여름에는 수국이 만발했고 가을에는 모과와 감이 열렸다. 몸과 마음은 지쳐있었지만 자연이 주는 온갖 향연들은 잠시라도 푹 빠져들게 하고 쉴 수 있게 해주었었다.

　요양원에 계신 어머니는 면회를 갈 때마다 건강상태가 급격히 나빠져 보였다. 참 놀랍게도 어머니는 기억들이 거의 사라졌음에도 사도신경은 조금씩 기억하고 반응을 보이셨고, 기도하면 눈물을 흘리기도 하셨다. 약 1년이 지난 뒤 어머니는 남편이 지켜보는 가운데 평안히 마지막 숨을 거두셨다. 그렇게 남편의 소원은 이루어진 셈이다. 장남으로서 귀하게 키워준 은혜를 입고 한 번도 모시지 못한 죄송함과 동생들에 대한 미안함이 조금은 해소가 되는 듯 했다.

또 다른 응답으로 주신 큰 선물

남편은 그저 마음에 소원하기만 했는데 주께서 세밀한 부분까지 이끄시며 남편의 소원보다 더욱 이루셨다. 바로 내 마음이다.

나는 안식년 동안 어머니를 모시면서 잊혀져 있던 지난날의 모든 생각들과 감정들이 되살아났다. 아내야 어떻든 남편의 모든 마음은 어머니를 돌보는 일에 집중되어 있었다. 그간 그토록 소원했던 일이니 열과 성을 다해 임하는 것은 당연했으리라! 어느 순간은 남편을 어머니께 빼앗긴 것 같은 느낌이 들었다. '어머니와 남편 그리고 나'가 되어버렸다. 어머니와 남편의 사이에 끼어드는 건 불가능해 보였다. 어머니에 대한 부정적인 말 한마디 했다가 노발대발한 남편이었다. 함께 살면서 가장 열정적인 남편의 모습을 그때 보았다.

그러나 시간이 지날수록 남편은 어머니 돌보는 일에 지쳐갔다. 한계에 다다르는 듯했다. 내게 한탄을 하기 시작했다.

"한밤중에 소리를 지르는데 아무리 말씀을 드려도 막무가내야!"

"내 이름을 하도 불러서 이제는 불러도 가지 않고 버텨 봐야겠어! 불러놓고 돌아서면 또 불러!"

"어머니 옆에서 자면서 부를 때마다 손잡아 드리면 좀 나아질 줄 알았는데 나아지기는커녕 더 심해져. 내가 잠을 잘 수가 없어. 더 이상 못하겠어!"

나는 이렇게 대답했다. "당신이 잠을 충분히 자야 낮에 돌봐 드리죠. 밤엔 그냥 자는 게 좋겠어요. 밤에 주무시도록 낮에 못 주무시게 해 봅시다. 이러다가 당신 쓰러지겠어요."

어머니를 모시는 일 때문에 힘든 부분을 서로 이야기할 수 있게 되자 참 신기하게도 어머니와 밀착되어있던 남편이 내 옆에 와 있었다. 아니 내가 남편 옆으로 간 것일 수도 있겠다. 어느덧 나와 남편은 한 팀이 되어 어머니를 모시고 있었다.

그전까지 남편은 어머니에 관한 일은 혼자서 결정하고 나에게 통보하고 나는 내키든 내키지 않든 따라야 하는 방식이었다. 어머니와 관련된 모든 일을 남편이 도맡아 하며 내가 끼어들 틈이 없었다. 나는 늘 나쁜 며느리가 된 기분으로 살았다.

부족하지만 며느리로서의 역할을 어느 정도라도 할 수 있었던 것도 내겐 큰 회복의 기회였다. 우리 가족은 어느덧 '남편과 나 그리고 어머니'가 되어 있었다.

어머니와 함께 보낸 약 9개월은 힘겨운 시간이었지만 '남편과의 마음으로부터의 화해'라는 큰 선물을 안겨주었다. 여태껏 시어머니와 관련된 남편과 나의 갈등은 골이 깊었고 풀 길이 없었다. 어머니를 모시는 일이 없었더라면, 그 일이 그리 힘든 일이 아니었더라면, 그런 큰 선물은 없었을지도 모른다. 힘들다고만 여기던 일이 이런 결과를 가져올 줄은 전혀 예상하지 못했다.

돌아보니 감독이신 주님의 돌보심과 이끄심이었다고 고백하지 않을 수가 없다. 어머니를 모시려고는 했지만, 어머니가 그때 마침 낙상사고를 당하여 입원하게 될 줄은 아무도 예상하지 못했었다. 코로나 팬데믹으로 요양원으로 돌아가기 힘들었고, 모실 형제들도 없는 상황이었다. 마침 남편이 그 곁에 모시려고 와 있어 자연스럽게 모시기 시작하였다.

모시기 시작한 때부터 남편은 부지런히 어머니에게 복음을 상기시키고 찬양을 들려주었다. 어머니는 얼마 남지 않은 기억력으로 잊고 있던 사도신경과 주기도문을 함께 외우고, 예수 그리스도를 다시 떠올릴 수 있게 되었다.

어머니의 믿음이 다시 회복된 것으로 보나, 나의 오랫동안 풀 수 없었던 숙제를 상상할 수 없는 방법으로 선하고도 확실하게 정확한 때에 맞춰 풀어 놓는 것으로 보나, 마치 누군가 완벽한 드라마를 미리 구상하고 만든 것만 같다. 내 속의 깊은 불만과 좌절이 이렇게 풀릴 수 있다는 것을 그 누가 알 수 있었겠는가?

주 자비 강 같이 흐르고 주 손길 치유하네

비록 존재감은 없지만 삶은 행복해

고통 받는 자녀 품으시니 주밖에 없네

주님과 같이 내 마음 만지는 분은 없네

오랜 세월 지나 난 알았네 내겐 주밖에 없네

Lenny Le Blanc

자기부인과 자기실현

사실은 같은 말

후회 없는 삶

사람은 무엇을 하며 어떻게 사는 것이 가장 잘 사는 것일까?
 예수 그리스도를 믿고 난 뒤로부터 성경의 말씀을 따라 사는 것이 가장 가치 있고 잘 사는 삶이라고 믿고 살아왔다. 조금의 회의도 없는 길이었다. 같은 방향으로 걸어가고 있는 주변인들을 만나며 격려를 받고 위로도 받았다. 우리는 이 길 위에서 만나고 때로는 갈등도 겪지만 서로를 위해 기도하며 함께 걷는다.
 하나님의 말씀을 따라 살지 않는 사람들도 나름대로 삶의 목적

비록 존재감은 없지만 삶은 행복해

을 가지고 열심히 살아간다. 미국의 심리학자 A.H.매슬로우(1908-1970)가 내 놓은 욕구이론에 의하면 사람은 자아를 실현하고 싶어 하는 욕구가 있다. 실제로 많은 사람들이 자신의 능력과 잠재력을 최대한 발휘하며 자기실현을 하기 위해 평생 열심히 노력하는 것을 볼 수가 있다. 더러는 자타가 공인할 정도로 성공하는 사람이 있는가 하면 원하는 목적을 이루지 못한 채 살아가는 사람들도 많다.

예수를 믿는 사람이든지 안 믿는 사람이든지 사람들은 누구나 후회 없는 삶을 살고 싶어 한다. 특히 예수를 믿는 사람으로서 어떻게 하면 후회 없는 삶을 살 수 있을까? 다 언급할 수 없을 정도로 여러 측면들이 있을 것이다.

여기서는 교회 안에서 특히 부정적인 감정이해에 대해 생각해보고 싶다. 부정적인 감정으로 인해 괴로워하는 사람들이 많기 때문이다. 그들은 자신이나 타인을 정죄하며 올무에 걸리곤 한다. 이 부분에 대해서 시각을 조금만 달리한다면 좀 더 깊은 영성으로 나아갈 수 있겠다.

성경말씀은 자기를 부인하라고 한다.

예수께서 제자들에게 이르시되 아무든지 나를 따라 오려거든 자기를

부인하고 자기 십자가를 지고 나를 좇을 것이니라 (마16:24-26)

　자기부인은 자기보다 예수님을 더 중시하고 자신의 생각이나 기분이 아니라 주님의 말씀을 따르라는 뜻이다. 그리고 이제 나는 십자가에 못 박혀 죽었으니 예수 믿는 믿음으로 살아야 한다고도 말씀하신다.

　내가 그리스도와 함께 십자가에 못 박혔나니 그런즉 이제는 내가 사는 것이 아니요 오직 내안에 그리스도께서 사시는 것이라 이제 내가 육체 가운데 사는 것은 나를 사랑하사 나를 위하여 자기 자신을 버리신 하나님의 아들을 믿는 믿음 안에서 사는 것이라. (갈2:20)

　믿음의 삶을 살아가기 위해 꼭 붙잡아야 할 중요한 말씀이다.
　그런데 이 말씀을 기준하여 혹자는 내가 십자가에 못 박혀 죽었으므로 나는 완전히 없어지고 그리스도로 옷 입고 살아야 한다고 말한다. 심지어는 화를 내거나 부정적인 감정을 느낄 때 죽은 사람이 그런 걸 느끼느냐? 고 한다. 죽었으니 아무것도 느낄 수 없다는 말이다. 화를 내거나 슬퍼하는 사람들을 만나면 제지하기도 한다. 그런데 이 말은 좀 심각하게 생각을 해 보아야 한다.
　갈2:20 말씀을 위와 같이 생각한다면 은연중에 불교의 세계관에

비록 존재감은 없지만 삶은 행복해

가깝게 생각하는 것이 아닐까? 불교에서 말하는 '무아지경'은 정신이 한 곳에 온통 쏠려 스스로를 잊고 있는 경지, 자신이 없어지는 경지를 말한다. 또 '무념무상'은 욕심도 자아도 없어 잡념이나 생각이 없는 상태를 이른다. 자아가 없어져 아무것도 생각하거나 느끼지 않는 상태를 의미하는 것이다. 적지 않은 사람들이 은연중에 불교적인 세계관과 혼동하고 있어 보인다.

진정한 자기 부인은 자신의 감정에 솔직할 때

자연히 올라오는 감정을 억누르고 부정하며 억지로 만들어낸 자신을 덧씌우려하는 데서 감정이 풀어지지 않은 채로 오랜 시간 힘들게 되는 경우를 제법 많이 보게 된다. 다른 사람이 감정을 표현하기라도 하면 말씀을 들고나와 막아버리는 모습도 종종 보게 된다.

바울이 말한 '내가 십자가에 못 박혀 죽었다.'라는 말씀이 부정적인 감정을 느끼면 안 된다는 의미일까? 우리가 느끼는 모든 감정들은 그것이 부정적인 감정이라고 해도 나 자신을 나답게 하는 것이 아닐까?

내가 성장하며 겪어온 온갖 경험들로 말미암는 나만의 고유한 감정들과 생각이 독특한 나의 성격과 성향을 이룬다. 주님께서 그 온갖 경험들을 바탕으로 나를 빚어 가신다. 경험에는 생각 뿐 아니라 감정들도 포함된다. 힘든 경험들을 많이 했을수록 더 깊은 감정을 느끼고 깨달음도 더 깊어지고 더 성숙해져 갈 수 있게 된다.

하나님은 인격적인 관계를 맺기 원하신다. 아무것도 느끼지 않는 기계적인 나와 관계를 원하지 않으실 것이다. 아니 관계를 할 수가 없을 것이다. 우리는 화가 날 때 주님께 나아가 화나는 것을 말씀드려야 한다. 내가 죽었으니 화를 느끼지 않아야 한다며 부정하고 감추는 것은 주님께서 원하지 않으실 것이다.

우리의 아픔과 슬픔뿐 아니라 화나고 분한 마음도 그럴만한 사정을 나 자신보다 더 잘 아신다. 잘못된 부분을 지적만 하시는 것이 아니라 잘못된 부분을 고치기 위한 노력을 도우신다. 변하지 않음으로 인한 괴로움과 속상함도 위로하고 감싸 주신다.

우리 안에 일어나는 모든 것을 무의미하게 덮어버리는 분이 아니다. 그럼에도 우리는 죽은 사람이 어떻게 그런 걸 느끼냐? 고 말할 수 있는가?

이 말씀을 붙잡고 살려면 오히려 자신의 내적 감정들을 누구보다도 예리하게 느끼고 그 뿌리를 알아야 한다. 진정한 자기부인은 자신을 느낄 때 할 수 있다. 말씀대로 살려고 할수록 자신을 더 깊이 느끼게 된다. 자신이 느끼는 감정 중 가장 깊고 크게 느껴지는 감정을 알 때 행동과 감정의 원인을 알고 긍정적으로 변화될 수가 있다. 주님의 말씀을 따르는 자기부인의 삶은 진정한 자기발견의 삶 위에서 이루어 질 수가 있다. 주께서 만드신 나의 모습으로 회복되어 가장 나다워질 때 주님과 진정한 관계를 이루어 갈 수가 있을 것이다. 그런 면에서 자기 부인의 성공은 곧 진정한 자기실현의 성공이기도 하다.

✦ 비록 존재감은 없지만 삶은 행복해

황미 선교사

2013년 7월 선교단체 GMP에 허입되었다.
2015년 6월에 남편과 아들과 함께 캄보디아로 파송되었다.
1기 사역은 10대 청소년들을 대상으로 방과후 성경공부방과 주일학교, 청장년 대상으로 성경공부 소그룹 모임을 섬겼다.
안식년 후 2024년 1월에 시작된 2기에는 청년 성경공부 소그룹 모임과 가정교회 개척사역을 하고 있다.

에필로그

늘 비슷한 일상이 반복되는 선교지에서 글을 쓰기 시작했다.
모자란 글이어도 실력이 부족해도 일단은 썼다.
그냥 흘려보냈던 언어들이 사고의 그물에 걸리기 시작했다.
새롭게 보이기 시작했다.
중요하지 않다고 생각했던 단어들에 초점이 맞춰졌다.
그 안에서 감사를 찾아낼 수 있었고,
의미를 찾을 수 있었고
그 의미 덕분에 자신과 타인을 사랑할 수 있었다.

비록 존재감은 없지만 삶은 행복해

글을 쓰니
매일 매일 비슷한 형태의 삶 속에서 반드시 빛나는 순간이 있음을 알게 된다.
삶이 특별해진다.
삶이 소중하게 다가온다.
나를 둘러싸고 있는 모든 환경과 주변 사람들이 저마다 의미를 지니게 된다.
어느 것 하나도 그냥 대충 버릴 것이 없음을 알게 된다.

글을 쓰니
아무렇지도 않았던, 별거 아니었던 삶이
시가 되고
소설이 되고
에세이가 되었다.

이제 우리를 변화로 이끌어준 단어들과 글을
세상에 내어 놓는다.
독자들도 우리의 글을 통해
독자들의 삶에서 또한 반짝거리며 빛나는 순간들의 단어를 찾을 수 있기 바란다.

에필로그